# FRANÇOISE DOLTO

## CATHERINE DOLTO-TOLITCH
## COLETTE PERCHEMINIER

# *VON DEN SCHWIERIGKEITEN, ERWACHSEN ZU WERDEN*

Aus dem Französischen übersetzt
von Regine Hermannsdörfer
und Eva Feuersee

**KLETT-COTTA**

Verlag Klett-Cotta
Die Originalausgabe erschien unter dem Titel
»Paroles pour adolescents ou le complexe du homard«
im Verlag Hatier, Paris
© 1989 by Hatier, Paris
© für die deutsche Ausgabe
J. G. Cotta'sche Buchhandlung Nachfolger GmbH, gegr. 1659
Stuttgart 1991
Fotomechanische Wiedergabe
nur mit Genehmigung des Verlages
Printed in Germany
Umschlag: Klett-Cotta-Design
Gesetzt aus der 11 Punkt Times von Fotosatz Hauer, Stuttgart
Reproduktionen von Gölz Repro-Service, Ludwigsburg
Gedruckt auf säure- und holzfreiem Werkdruckpapier
von Gutmann, Heilbronn
Gebunden von Wilhelm Röck, Weinsberg
Dritte Auflage 1992

Die Deutsche Bibliothek – CIP-Einheitsaufnahme
*Von den Schwierigkeiten, erwachsen zu werden /*
Françoise Dolto ; Catherine Dolto-Tolitch ; Colette Percheminier.
Aus dem Franz. übers. von Regine Hermannsdörfer
und Eva Feuersee. – 3. Aufl. – Stuttgart : Klett-Cotta, 1992
Einheitssacht.: Paroles pour adolescents
ou le complexe du homard < dt. >
ISBN 3-608-95756-1
NE: Dolto, Françoise; Dolto-Tolitch, Catherine;
Percheminier, Colette; Hermannsdörfer, Regine [Übers.]

# INHALT

7 Vorwort

12 Die Adoleszenz – was ist das eigentlich?

23 Was sich alles verändert

33 Bin ich schön? Bin ich häßlich?

41 Sexualität

57 Liebe

67 Freundschaft

77 Die Eltern, die Erwachsenen und die Gesellschaft

95 Autorität

103 Gewalt

115 Stehlen

123 Drogen

137 Scham

145 Die eigene Geschichte

151 Hinweise und Anregungen für Eltern und
Erwachsene, die mit Jugendlichen zu tun haben

183 Jugendliche und ihre Rechte
Ludwig Salgo

221 Dokumentation: Auszug aus dem
Übereinkommen der Vereinten
Nationen über die Rechte des Kindes

# VORWORT

Ihr seid etwa zwischen dreizehn und siebzehn Jahre alt. Dieses Lebensalter nennt man Adoleszenz. Für euch Jungen und Mädchen, die ihr spürt, daß ihr gerade eine schwierige Zeit durchlebt, wurde dieses Buch geschrieben. Denn über die Adoleszenz wird zwar viel geredet, aber nur selten spricht jemand mit euch über die Probleme, die dieser Lebensabschnitt mit sich bringt. Auf den ersten Blick ist die Adoleszenz nichts anderes als der Übergang von der Kindheit zum Erwachsenenalter, eine Zwischenphase also. Aber in der Familie ist das eine schwierige Zeit, denn für die Eltern, die euch ja von klein auf kennen, ist es nur schwer zu begreifen, daß mit der körperlichen Reife alles anders wird. (Über diese körperliche Reife findet ihr Näheres in dem Kapitel „Was sich alles verändert".)

Es ist auch sehr schwer, nach wie vor dieselben Dinge um sich zu haben, dieselben Menschen, dieselben Freunde, während der eigene Körper und die eigenen Gefühle sich verändern. Man könnte den Wechsel von der Kindheit ins Erwachsenenalter eine „Mutation" nennen. Dieser Übergang ist genauso bedeutend wie der Übergang vom Leben des Fötus im Bauch der Mutter zum Leben des Säuglings, der selbständig Luft holt. An eure Geburt erinnert ihr euch nicht mehr, genausowenig wie ich mich an die meinige. Im Moment der Geburt ist der Mensch ein sehr zerbrechliches Wesen. Und wenn ihr euch in der Adoleszenz auch manchmal sehr stark fühlt, so gibt es in dieser Zeit doch auch viel Zerbrechliches in euch. Ich hoffe, daß das Buch euch helfen wird, diesen Lebensabschnitt besser zu bewältigen, und daß es euch ermutigen wird, wenn ihr in eurer Umgebung nicht immer Unterstützung findet. Ihr werdet lachen, aber ich habe ein Wort gefunden, das ausdrückt, was es mit diesem Lebensabschnitt und seinen Schwierigkeiten auf sich hat. Wir werden es Komplex nennen, weil es Mode ist, von Komplexen zu sprechen; aber dieser ist ein ganz besonderer Komplex: es ist der Hummerkomplex. Die Erklärung dafür findet ihr im Laufe dieses Buches.

**Françoise Dolto**

Ein Jahr nach dem Tod meiner Mutter Françoise Dolto bin ich in ihrem Haus in Südfrankreich. Ich sitze hier auf der Terrasse, wohin sie sich gerne zum Schreiben zurückzog. Ihr Blick ging dann auf ihren mit Bäumen bepflanzten Garten. Mit jedem dieser Bäume verband sie eine besondere Freundschaft. Diejenigen, die sie selbst gepflanzt hatte, waren ein bißchen ihre Kinder; sie freute sich daran, wie sie größer wurden, sie war hingerissen von ihrem Wuchs oder von der Laune eines Zweiges, der eine originelle Form in den Himmel zeichnete. Wenn ich die Bäume heute anschaue, kommt es mir ein wenig so vor, als befände ich mich inmitten einer Gruppe von Jugendlichen, etwa so wie unter Brüdern, deren Wachstum meine Mutter über Jahre begleitet hat. Es war für sie immer eine Freude mitzuerleben, wie ein Lebewesen sich entfaltete, gleichgültig, ob es eine Pflanze, ein Tier oder ein Mensch war (obwohl die Menschen bei ihr immer den Vorrang hatten). Der Vorgang des Werdens faszinierte und berührte sie mehr als alles andere, und es ist kein Zufall, daß sie als eine ihrer letzten Botschaften ein Buch hinterlassen hat, das sich an Jugendliche richtet. Françoise Dolto, ich und meine Jugendfreundin Colette Percheminier verbrachten über mehrere Jahre hinweg viele Stunden damit, unsere Erfahrungen und Gedanken auszutauschen. Meine Mutter war Psychoanalytikerin. Colette hat früher „wilde" Ferienlager organisiert, in denen die Jugendlichen glücklich waren; später beschäftigte sie sich mit Jugendlichen in Heimen. Ich selbst bin Soziologin und Ärztin für Allgemeinmedizin und dadurch in ständigem Kontakt mit Menschen in allen Lebensphasen, selbst vor der Geburt. Seit zehn Jahren arbeite ich mit Frans Veldman zusammen, der mich in die Haptonomie eingeführt hat, eine Wissenschaft, die es uns ermöglicht, mit Hilfe des Tastsinns und des Gehörs mit dem Baby bereits im Mutterleib Kontakt aufzunehmen und es so zum Zeitpunkt des großen Abenteuers seiner Geburt in der Welt auch richtig zu empfangen.

Françoise Dolto interessierte sich für die zwischen Eltern und Kindern schon so früh geknüpften Bande und für den Einfluß, den sie auf das zukünftige Leben der Kinder haben. Sie, der Fragen der Prävention so wichtig waren, fand in meiner Arbeit etwas, das in ihre Richtung ging, und sie war glücklich darüber, daß ich diesen Weg einschlug. Unsere Beobachtungsfelder, unsere Arbeitsweisen und unser Alter waren verschieden, aber im Grundsätzlichen stimmten wir vollkommen überein.

Eines Tages beschlossen wir, aus all dem ein Buch zu machen. Zwischen Oktober 1987 und Juni 1988 haben wir uns regelmäßig getroffen und auf Tonband gesprochen, um den Jugendlichen all das zu sagen, was uns am Herzen lag.

Zu dem Zeitpunkt, als Françoise wegen ihrer Krankheit in ihrer Bewegungsfreiheit immer stärker eingeschränkt war, hatten wir alle Themen, die wir ansprechen wollten, bereits erarbeitet. Lediglich die abschließende Überarbeitung erfolgte nach ihrem Tod.

In den letzten Wochen wohnte Colette bei uns, weil der Gesundheitszustand von Françoise ständige Pflege erforderte. Wir, ihre Kinder und einige Freunde, lösten uns ab und waren so Tag und Nacht in ihrer Nähe. Sie wußte, daß sie sterben würde; trotzdem war sie heiter und voller Interesse für das, was um sie herum vorging. Um sie herum war das Leben der Familie in summender Bewegung, wie ein Bienenstock um seine Königin — fröhlich und ernst zugleich. Denn wie sie selbst waren auch wir überzeugt, daß ihr Tod uns nicht trennen würde. Und ich weiß jetzt, daß wir recht hatten. Sie sagte, sie sei darauf vorbereitet, wiedergeboren zu werden, und der Weg ins Unbekannte hinein sei

„lustvoll und beruhigend" zugleich.

Während wir das Buch vorbereiteten, fand ich beim Aufräumen ihrer Sachen einen Vortrag über das Thema Adoleszenz, den sie im Dezember 1985 in Vigneux vor Eltern und Erziehern gehalten hat. Dieser Vortrag ist wie ein Echo auf den hier vorliegenden Text, und wir beschlossen, beide Texte zusammen zu veröffentlichen. Wir baten Michèle Mongheal, Anwältin am Appellationsgericht in Paris, unser Buch durch einen Abriß derjenigen Gesetze zu vervollständigen, die das Leben von Jugendlichen regeln.

Einige Jugendliche haben uns Texte anvertraut. Wir danken ihnen für ihre Bereitschaft, ihre Stimmen mit den unsrigen zu vermischen.

Ich bin sicher, daß dieses Buch, so wie es ist, meiner Mutter gefiele. Und es ist sicherlich in ihrem Sinn, wenn ich nun unseren Lektoren Colline Faure-Poirée, Hélène Quinquin und Odile Gandon danke. Und natürlich auch allen anderen Mitarbeitern des Hauses Hatier, mit deren Hilfe wir nach dem Tod meiner Mutter das Buch veröffentlichen konnten. Es ist ein Buch voller Leben und wird, wie ich glaube, allen denen Mut machen, die das, was Françoise Dolto so spielerisch das „Drama des Hummers" genannt hat, gerade durchleben.

**Catherine Dolto-Tolitch**
Juni 1989

# DIE ADOLESZENZ – WAS IST DAS EIGENTLICH?

Die Adoleszenz ist die Übergangszeit, die zwischen der Kindheit und dem Erwachsenenalter liegt. Mitten in diese Zeit fällt die Pubertät. Aber eigentlich sind die Grenzen dieses Lebensabschnitts fließend.

Er läßt sich wohl am besten mit der Geburt vergleichen. Bei der Geburt wird die Nabelschnur durchschnitten, und wir werden von unserer Mutter getrennt. Oft vergißt man jedoch, daß es zwischen Mutter und Kind noch ein besonderes Verbindungsorgan gab: die Plazenta. Die Plazenta versorgte uns mit allem, was für unser Überleben notwendig war, und sie filterte viele für uns schädliche Stoffe, die im mütterlichen Blut zirkulieren. Ohne sie gäbe es kein Leben vor der Geburt, aber wenn wir geboren werden, müssen wir uns unbedingt von ihr lösen, um zu leben.

Die Adoleszenz ist wie eine *zweite Geburt*, die sich ganz allmählich vollzieht. Schritt für Schritt muß man sich aus dem familiären Schutz lösen, so wie man sich einst von der schützenden Plazenta gelöst hat.

Wenn man sich von der Kindheit löst, das Kind in sich verschwinden läßt, erlebt man eine tiefgehende Verwandlung. Man hat dabei mitunter das Gefühl zu sterben. Es geht schnell, manchmal zu schnell. Die Natur hat ihren eigenen Rhythmus, dem man sich anpassen muß, und nicht immer ist man dazu bereit. Das, was zu Ende geht, kennt man, aber man weiß noch nicht, worauf man nun zugeht.

Nichts stimmt mehr, aber man weiß eigentlich nicht genau, warum und wieso. Nichts ist mehr wie früher, aber was sich verändert hat, läßt sich nicht erklären.

Für die Jungen ist zum Beispiel die Veränderung ihrer Stimme schmerzlich. Es ist schwer, sich von der Stimme verabschieden zu müssen, mit der man seit Jahren vertraut war. Man spürt eine große *Unsicherheit*, die man unbedingt meistern will, und doch fehlt es einem am genügenden Selbstvertrauen. Man braucht beides, Kontrolle und Freiheit, und es ist nicht leicht, zwischen beiden das richtige Gleichgewicht zu finden. Welche Dosierung im einzelnen Fall angemessen ist, das ist ganz unterschiedlich und hängt immer von der Situation ab, in der man sich gerade befindet. Das gilt für Eltern und Kinder gleichermaßen.

Man möchte zeigen, daß man durchaus schon in der Lage ist, sich in der Gesellschaft zu behaupten. Das Gesetz sieht vor, daß Eltern bis zur Volljährigkeit ihrer Kinder für sie verantwortlich sind, und mitunter hat man auch selbst ein Bedürfnis nach diesem Schutz. Aber jeder muß für sich selbst verantwortlich sein. Also geht es darum, aus der Verantwortung eine *Mitverantwortung* zu machen.

Man hätte es eigentlich nötig, daß alle, die um einen herum sind, sich für die außerordentliche Entwicklung interessieren, die mit einem vorgeht. Aber wenn das tatsächlich der Fall ist, so kann es dazu führen, daß man in der Kindheit festgehalten oder, im Gegenteil, dazu gedrängt wird, zu schnell erwachsen zu werden. Man fühlt sich durch die Aufmerksamkeit der anderen irgendwie unter Druck gesetzt — und zwar in beide Richtungen —, während man doch eigentlich Unterstützung gesucht hat. Man möchte wie die Erwachsenen sprechen, aber die Mittel dazu fehlen einem noch. Man möchte das Wort ergreifen und auch wirklich angehört werden. Wenn die Erwachsenen Jugendliche aber reden lassen, dann leider allzuoft nur, um über sie zu urteilen, ohne sie wirklich angehört zu haben. Man macht einen Schritt nach vorn und sagt etwas, und schon ist man in eine Falle getappt. Man spürt, daß es lebensnotwendig ist, seine Eltern eines Tages zu verlassen. Also muß man jetzt schon eine gewisse Art der Beziehung zu ihnen aufgeben. Man will auf ein anderes Leben zugehen. Aber was für ein Leben wird das sein? Nicht immer hat man Lust, das gleiche Leben zu führen wie die Eltern. Schaut man sich ihr Leben an, so glaubt man darin die eigene Zukunft zu sehen, und das macht Angst.

Man fühlt sich wie auf einer abschüssigen Bahn, auf der einem die Kontrolle entgleitet. Man verliert seine inneren Schutzräume und die vertrauten Möglichkeiten, sich sprachlich mitzuteilen, ohne daß man bereits neue Möglichkeiten hätte entwickeln können.

Wenn der Hummer den Panzer wechselt, verliert er zunächst seinen alten Panzer und ist dann so lange, bis ihm ein neuer gewachsen ist, ganz und gar schutzlos. Während dieser Zeit schwebt er in großer Gefahr. So ungefähr geht es Jugendlichen. Und sich einen neuen

Panzer zu fabrizieren, das kostet so viele Tränen und so viel Schweiß, daß es beinahe ist, als würde man ihn „ausschwitzen". In der Nähe eines schutzlosen Hummers lebt fast immer ein *Meeraal*, der nur darauf lauert, ihn zu verschlingen. Die Adoleszenz, das ist das Drama des Hummers! Der Meeraal — das ist alles, was uns bedroht, von innen und von außen, und oft ist er auch dort, wo wir ihn gar nicht vermuten.

Der „Meeraal", das ist vielleicht das kleine Kind, das man gewesen ist, das nicht verschwinden will und das Angst hat, von den Eltern nicht mehr beschützt zu werden. Es läßt uns an der Kindheit festhalten und verhindert, daß der Erwachsene, der wir einmal sein werden, zum Vorschein kommen kann. Der „Meeraal", das ist auch das wütende Kind in uns, das glaubt, man wird erwachsen, indem man gegen die Erwachsenen „zu Felde zieht". Der „Meeraal", das sind vielleicht auch jene gefährlichen Erwachsenen, die uns ausnutzen, die sich in der Umgebung Jugendlicher herumtreiben, weil sie ihre *Verletzlichkeit* spüren. Die Eltern wissen, daß es Menschen gibt, die uns gefährlich werden können, und sie haben oft recht mit ihrer Vorsicht, auch wenn es schwerfällt, ihre Mahnungen zu akzeptieren.

Adoleszenz, das sind auch Regungen voller Vitalität, voll verheißungsvollem Leben, alles ist am Übersprudeln. Die Vitalität ist sehr wichtig, aus ihr schöpfen wir die Energie, die wir jetzt brauchen. Wie Pflanzentriebe, die aus der Erde drängen, so drängt es uns hinaus. Vielleicht ist deshalb das Wort *Hinausgehen, Weggehen*, für Jugendliche so wichtig. „Hinausgehen", das heißt, den alten, ein bißchen stickig gewordenen Kokon zu verlassen; das bedeutet auch, eine Liebesbeziehung zu haben. Mit diesem Schlüsselwort „Hinausgehen" lassen sich die großen inneren Veränderungen, die euch umtreiben, gut wiedergeben.

In der Clique fühlt man sich wohl, da haben alle die gleichen Erkennungszeichen, man hat eine eigene, verschlüsselte Sprache und muß nicht die Sprache der Erwachsenen sprechen. Man fände es gut, wenn es keine Unterscheidung zwischen Du oder Sie mehr gäbe, sondern nur noch ein Du der Zusammengehörigkeit. Am liebsten würde man nur dieses Du benutzen, weil es nicht wie das manchmal herablassende Du der Erwachsenen klingt.

Es gibt keine Adoleszenz ohne Probleme, ohne *Leiden*, vielleicht ist die Adoleszenz sogar die Zeit im Leben, in der man am meisten Leid erfährt. Es ist aber auch die Zeit der intensivsten *Freuden*. Das Dilemma besteht darin, daß man allem Schwierigen ausweichen möchte; entweder flüchtet man dann nach außen, man stürzt sich in zweifelhafte oder gefährliche Abenteuer, in die man von Leuten hineingezogen wird, die genau wissen, wie unsicher Jugendliche sind; oder man zieht sich in sich selbst zurück und verbarrikadiert sich hinter einem falschen Panzer.

Die Adoleszenz ist immer eine schwierige Zeit, aber wenn Eltern und Kinder Vertrauen in das Leben haben, dann kommen die Dinge immer wieder in Ordnung.

## Céline*, sechzehn

Das ist ein schwieriges Lebensalter. Es ist so anstrengend, immer mit diesem Zweifel und dieser Unsicherheit zu leben. Man kommt mit seiner Umgebung überhaupt nicht klar, man ist aufsässig, man fühlt sich unglücklich in der eigenen Haut, die irgendwie nicht mehr die eigene ist, unglücklich auch, weil man nicht versteht, was los ist, und weil man alleine ist. Denn die Erwachsenen machen uns Angst. Ich will euch sagen, was ihr für uns darstellt: Ihr seid die Arbeitswelt, wo jeder nur an seinen eigenen Vorteil denkt. Schaut euch doch an, wie heruntergekommen ihr ausseht. Ihr ertragt offenbar zuviel, und das mit einer Mischung aus Heuchelei und falscher Freundlichkeit. Man hat immer den Eindruck, als ob ihr nur scheinen wolltet, als ob ihr nur so tut, als würdet ihr leben. Könnt ihr nicht mehr wirklich leben? Und eure Sätze, eure Wörter, mit denen ihr alles zerlegen müßt, alles bis ins kleinste erklären, auch wenn das gar nicht nötig ist, oder aber euer Schweigen, dieses vielsagende Schweigen, diese Mauer, an der wir abprallen und die unsere Blicke zu einem tiefen Brunnen macht oder zu Asphalt.
Wir wollen, daß unser Äußeres so ist, daß uns niemand etwas anhaben kann, daß wir undurchdringlich sind. Also sind wir grob, vulgär und böse.

Ja, wir sind wirklich böse, wir wollen auf keinen Fall verstehen, nicht mit euch sprechen, euch nicht zuhören. Aber nur deshalb, weil in eurem Leben viel zuwenig Platz ist für Träume und Hoffnungen, ihr gebt zuviel auf den äußeren Schein...
Die Welt läuft wie geschmiert, aber leider auf einen Abgrund zu, die Gesellschaft ist ein Teil dieser Welt und stürzt mit ihr hinab. Ihr Erwachsenen wißt nicht, daß acht von zehn Jugendlichen nachts im Bett heulen... Die anderen weinen nicht mehr, weil sie ganz dichtgemacht haben und nicht mehr wahrnehmen, was um sie herum vorgeht. Das ist traurig, findet ihr nicht auch? Wir spielen das gleiche Instrument, aber leider nicht auf derselben Tonhöhe. Eure Töne sind tief, unsere sind hoch. Warum nehmt ihr uns das übel? Das ist alles zu schwierig, als daß ich es klar ausdrücken könnte, und es ist zu traurig, um es genauer zu erklären...

## Gilles, vierzehn

Dieses Alter find ich spitze. Klar, es gibt immer Typen, die abblocken. Aber ich finde das toll. Ich kann alles mögliche machen wie die Großen auch, aber ich muß keine Verantwortung übernehmen. Ich muß aber dazu sagen, daß meine Eltern das ganz locker sehen. Hoffentlich bleibt das so.

## Irène, fünfzehn

Ich hab' so sehr geheult, daß meine Augen ganz rot waren. Ich bin traurig und genervt und weiß nicht mal warum. Am liebsten würde ich die Zeit anhalten und wäre gern ganz weit weg. Das ist wie auf einem Weg mit einzelnen Streckenabschnitten. Nach jedem Abschnitt gibt es eine Belohnung, aber wenn du irgendwo auf der Strecke bleibst, dann kriegst du keine. Und ich, ich bin auf der Strecke geblieben. Es fällt mir schwer zu denken, es fällt mir schwer, überhaupt zu leben; ich habe solche Angst, daß ich es nicht schaffe, mir selbst Mut zu machen und mich zu trösten. Alles ist so wahnsinnig schwer, ich hab die Nase voll vom Leben, aber ich liebe es ...

*Um die Anonymität zu wahren, wurden die Vornamen der Jugendlichen, die diese Aussagen gemacht haben, geändert.

# WAS SICH ALLES VERÄNDERT

Die Pubertät ist der Übergang von der Kindheit zur Jugendzeit. Mit ihr beginnt sich der Körper zu verändern (physiologische Veränderung), und der Geist und die Gefühle verändern sich auch (psychische Veränderung).

Wir müssen uns innerlich an die Veränderungen unseres Körpers anpassen, und das ist nicht immer einfach. Die ganze Person stürzt in ein großes *Tohuwabohu*, das jeder von uns auf seine ganz eigene Weise durchlebt.

Das Wort *Pubertät* kommt vom lateinischen Wort „pubes" und bedeutet Körperhaar, und tatsächlich ist ein Zeichen der Pubertät, daß auf dem Schamhügel, unter den Armen und, bei den Jungen, auf den Wangen Haare zu wachsen beginnen. Wenn die Pubertät abgeschlossen ist, ist man geschlechtsreif und juristisch gesehen auch heiratsfähig, das heißt, man ist nun so alt, daß man heiraten darf. Tatsächlich aber ist das Alter, in dem man als heiratsfähig betrachtet wird, je nach Zeitalter und Gesellschaft verschieden. Zur Zeit müssen in Frankreich Mädchen fünfzehn und Jungen achtzehn Jahre alt sein, um heiraten zu können.

In der Geschichte gibt es zahllose Beispiele, wo aus Gründen der Familienpolitik nicht-geschlechtsreife Kinder verheiratet wurden. Nach der Vermählung wurden sie dann wieder getrennt und sahen sich jahrelang nicht wieder, bis zum Zeitpunkt ihrer Geschlechtsreife. Es gibt auch Heiraten zwischen erst zwölf- oder dreizehnjährigen Jugendlichen, zum Beispiel in Afrika. Im Mittelalter kam es in Europa nicht selten vor, daß eine junge Frau mit zwanzig Jahren schon drei oder vier Kinder hatte. Das Leben war damals kürzer und das Eheleben begann früher, vor allem für die Mädchen.

Auf der einen Seite haben wir also die Pubertät im gesellschaftlichen Sinn, anders gesagt, das heiratsfähige Alter, und dieses variiert je nachdem, in welchem Land man lebt; auf der anderen Seite haben wir die körperliche Pubertät. Letztere beginnt bei den Mädchen seit etwa fünfzig Jahren zunehmend früher.

Manche Mädchen bekommen schon mit zehn Jahren ihre Regel, sie fühlen sich oft reifer als die Mädchen, die ihre Regel erst mit dreizehn oder später bekommen. Und manche Jungen sind mit achtzehn noch Babys, während andere in diesem Alter schon „ihren Mann stehen".

Alle, die Jugendlichen, die Eltern und die Gesellschaft, müssen mit diesen gewaltigen Veränderungen zurechtkommen, so gut sie können. Und das ist nicht immer leicht, denn im Grunde haben alle ein bißchen Angst vor dem, was dabei herauskommt. Die Eltern fühlen sich unbehaglich, weil sich auch für sie viel verändert und in Bewegung gerät, auch wenn sie sich dessen nicht bewußt sind oder es nicht zeigen wollen.

## Was im Körper vor sich geht

Die Pubertät zieht sich über mehrere Jahre hin und verläuft ganz allmählich, manche Phasen sind jedoch besonders eindrucksvoll. Alles geschieht unter dem Einfluß von Hormonen. Bestimmte Drüsen — die Hirnanhangdrüse (Hypophyse), die Hoden (Testikel), die Eierstöcke (Ovarien) — haben ihren Reifezustand erreicht und sondern nun Flüssigkeiten ab, die man Hormone nennt. Diese Hormone zirkulieren im Blut und gelangen so zu den Organen, für die sie bestimmt sind und die sich unter ihrem Einfluß im Verlauf der Pubertät verändern.

Man wächst überall. Besonders deutlich ist das an den Extremitäten zu sehen: die Füße, die Hände und die Nase wachsen. Ständig braucht man neue Schuhe! Das Aussehen, die Formen, die Figur — alles verändert sich. Und man wächst auch was die Art zu denken betrifft...

Auf dem Schamhügel und unter den Armen wachsen Haare, die Genitalien werden größer, und die Haut in ihrem Bereich wird dunkler. Alles bereitet sich auf die *Fruchtbarkeit* (die Fähigkeit, Kinder zu haben) vor.

## Bei den Jungen

Da ist vor allem der *Stimmbruch*. Die Stimme verändert sich bei ihnen viel stärker als bei den Mädchen. Das geschieht mehr oder weniger plötzlich. Manchmal entstehen dadurch sehr merkwürdige, etwas dissonante Töne. Auch das Wachsen der Barthaare gehört zu den äußeren Veränderungen. Man entdeckt den Rasierapparat, das macht Spaß, aber manchmal ist es auch lästig.

Aber das Wichtigste ist vielleicht das, was im Verborgenen geschieht: Die *Erektionen* werden häufiger und enden mit einem Samenerguß. Die Häufung der Erektionen, wobei der Penis hart wird und anschwillt, und die seltsame Erregung, die damit einhergeht, das sind physiologische Phänomene, die durch den Blutandrang im Penis verursacht werden. Oft geschieht das im Schlaf, und man entdeckt dann die Spuren auf dem Laken. Das ist nicht schlimm, aber es ist einem peinlich, vor allem, wenn jemand anders das Bett macht und diese Spuren vielleicht sieht. Doch man braucht sich darüber keine Sorgen zu machen, das passiert allen, auch den Erwachsenen. Es ist ein äußeres Anzeichen der Pubertät, über das man sich oft nicht mit anderen zu sprechen traut. Da alle in diesem Punkt gehemmt sind, wird meist kein Wort darüber verloren, und das ist schade. Denn es ist normal, daß man sich darüber Gedanken macht, wie es sein kann, daß ein noch kindlicher Körper bereits Samen produziert: Man könnte jetzt schon Vater werden, und es ist gut, darüber zu sprechen. Das Problem ist, daß man oft denkt, die Erektion bedeute *Verlangen* oder *Verliebtsein*. Manchmal geht das zusammen, aber oft hat das eine wirklich nichts mit dem anderen zu tun. Ein weiteres Problem ist, daß man sich vielleicht schuldig fühlt, wenn diese Erektionen einen zur Masturbation verleiten. In Wahrheit ist das vollkommen natürlich.

**Bei den Mädchen**

Der Eintritt der ersten Regel ist ein großes Ereignis im Leben einer Frau. Einmal im Monat wird von den Eierstöcken ein Ei abgestoßen (Ovulation), die Gebärmutter

(Uterus) bereitet sich darauf vor, das Ei aufzunehmen, und bildet in ihrem Inneren eine stark durchblutete Gewebeschicht, die das Ei ernähren soll, falls dieses von einem Samen (Spermium) befruchtet wird. Wird das Ei nicht befruchtet, dann ist dieses Gewebe überflüssig und wird abgestoßen: das ist es, was man als die Monatsblutung bezeichnet. Sie besteht aus Blut und aus Rückständen dieses Gewebes.

All das geschieht unter dem Einfluß von Hormonen, die von den Eierstöcken und der Hypophyse, einer kleinen Drüse im Gehirn, abgesondert werden. Diese Hormone bewirken auch eine Spannung in den Brüsten, und die manchmal schmerzhaften Bauchkrämpfe sind ebenfalls hormonell bedingt. Aber meistens ist die Regel nicht sehr schmerzhaft. Wenn man wirklich Schmerzen hat, muß man mit einem Arzt darüber sprechen.

Die Zeit zwischen zwei Monatsblutungen nennt man einen *Zyklus*. Der Eisprung findet ungefähr in der Mitte des Zyklus statt. Das bedeutet, daß der erste Eisprung bereits vor der ersten Periode stattfindet. Es ist wichtig, seinen Eisprung ausfindig zu machen, weil das der Zeitpunkt ist, wo man schwanger werden kann. Oft verlaufen die ersten Zyklen noch anovulatorisch (ohne wirklichen Eisprung). Hat jedoch ein Eisprung stattgefunden, dann besteht die Gefahr, daß man schwanger wird, selbst wenn man die erste Monatsblutung noch nicht gehabt hat. Die Natur, die nur auf Fortpflanzung ausgerichtet ist, tut alles, um das Zusammentreffen von Ei und Spermium zu erleichtern.

Während des Eisprungs kommt es zu einer Schleimabsonderung, die einige Tage anhält. Diese Schleimabsonderung läßt sich leicht erkennen, und auf diese Weise kann man seinen Zyklus kennenlernen. Der Schleim sieht ähnlich aus wie rohes Eiweiß. Er übt eine große Anziehungskraft auf die Spermien aus, die er wie ein Förderband in Richtung Uterus und Eileiter transportiert, wo die Eizellen schon auf sie warten.

Deshalb sind sexuelle Spiele, zu intime Berührungen, selbst wenn der Junge nicht in das Mädchen eindringt, während der Zeit des Eisprungs gefährlich, denn wenn der Junge einen Samenerguß hat, kann es zu einer *Befruchtung* kommen. Das passiert sehr selten, aber es kommt vor.

Mit der ersten Regel beginnt für alle Mädchen eine neue Lebensweise: das Leben in Zyklen, das nur die Frauen kennen. Für die Frau verläuft die Zeit anders als für den Mann, auch wenn das nach außen hin nicht sichtbar wird. Ihr Lebensrhythmus wird von ihrem Zyklus bestimmt. Selbst mit der Pille befindet sie sich immer zwischen zwei Perioden. Je nachdem, ob sie am Anfang oder am Ende eines Zyklus ist, erfährt sie ihren Körper anders, und manchmal ist auch die Stimmung davon abhängig.

Mit dem Beginn der Regel verändert sich die Figur: die Brüste wachsen, man bekommt Hüften und einen Po, und damit lebt es sich nicht immer leicht. Auch der Stoffwechsel verändert sich. Der Stoffwechsel bestimmt, wie wir die Kalorien verbrauchen, die wir mit der Nahrung aufnehmen.

Wenn man dazu neigt, dick zu werden – oder wenn diese Veranlagung in der Familie liegt –, ist es klug, in der Pubertät die Ernährung umzustellen, das heißt, weniger Fett und Zucker zu essen. Das ist schwierig, gerade in einer Zeit, in der man sich in seiner Haut oft nicht wohl fühlt, in der man glaubt, nicht genügend geliebt zu werden, und deshalb versucht ist, sich mit Süßigkeiten zu trösten.

Das Dilemma ist, wenn man ständig auf die Linie achtet, gerät man in Gefahr zu übertreiben. Das kann zur *Magersucht* führen, einer Krankheit, an der oft junge Mädchen leiden: Aus psychologischen Gründen (die Angst, dick zu werden, die Angst, eine Frau zu werden, die Angst vor der erwachenden Sexualität…) sind sie nicht in der Lage zu essen.

Das Gegenstück dazu ist die Eßsucht, das unwiderstehliche Bedürfnis, zu essen, sich vollzustopfen, auch wenn man keinen Hunger hat, alles zu verschlingen, was einem unter die Finger kommt. Manche Mädchen pendeln zwischen Magersucht und Eßsucht hin und her — wenn sie sich vollgestopft haben, übergeben sie sich wieder. Für die Eltern ist das alles natürlich schrecklich, und deshalb machen sie, aus übergroßer Sorge, aus einem einfachen Appetitmangel, der in diesem Alter völlig normal und sogar gesund ist, manchmal ein richtiges Drama. Ihre übertriebene Aufregung macht die Situation oft nur schlimmer, weil sie dadurch das Verhalten ihrer Tochter verstärken und es dann tatsächlich zum Ausbruch einer Krankheit kommen kann.

Wenn man Gewichtsprobleme hat — egal, ob sie real oder eingebildet sind —, ist es das beste, von sich aus mit einem Arzt darüber zu sprechen, der sich in der Psychologie von Jugendlichen auskennt und über Ernährungsprobleme Bescheid weiß. Das hilft einem selbst und beruhigt die Eltern.

Für Mädchen wie für Jungen ist es schwierig, all diese körperlichen Veränderungen zu durchleben. Denn mit ihnen kommen so viele wichtige Fragen, die einen bedrängen, die einen neugierig machen und über die man sich nicht zu sprechen traut. Man verlagert deshalb das

Problem und lenkt die Aufmerksamkeit ganz betont auf andere, weniger brisante Körperteile.

Das Gesicht und die Haare werden wichtig. Make-up und Frisur sind ausgezeichnete Möglichkeiten, sich mit dem eigenen Körper zu beschäftigen und ihn sprechen zu lassen, ohne dazu stehen zu müssen.

Das alles dauert Jahre, es ist die Zeit, in der man seinen neuen Panzer „ausschwitzt". Das ist nicht immer angenehm, aber spannend und aufregend ist es immer.

### Aline, sechzehn

Ich lebe in einem Schwebezustand... keine Lust, mich zu rühren. Das geht alles zu schnell und es dauert zu lange. Ich hab' Angst, in ein Stück Torte zu beißen. Nirgendwo fühle ich mich wohl. Ich renne weg... wegrennen... ich warte auf etwas. Aber worauf?

### Stéphanie, fünfzehn

Arzt sein ist interessant, weil das mit dem Leben der Menschen zu tun hat. Ein Arzt weiß viel über die Natur des Menschen, wie der Körper funktioniert und so. Die wissen alles über den menschlichen Körper. Wenn ich zum Beispiel mit einem Arzt verheiratet wäre, würde ich ihn ausfragen, wie das mit dem Körper ist, und er würde mir alles über meinen Körper und über die Körper der anderen beibringen.

### Nathalie, vierzehn

Seit einiger Zeit finde ich, daß alles immer komplizierter wird, alles ist kompliziert, ich bin auch kompliziert.

### Laurent, sechzehn

Wir Jugendlichen, alles, was wir machen können, ist, „hinter uns selbst herlaufen". Das ist nicht von mir, das ist aus einem Lied von Charlélie Couture, aber ich finde, das trifft's genau.

# BIN ICH SCHÖN?
# BIN ICH HÄSSLICH?

**W**ie der Hummer, der seinen Panzer verliert, so findet man sich in der Jugend in einem Äußeren wieder, das sich verändert.

**I**n dieser Erfahrung ähneln sich die Geschichten aller Jugendlichen.

**D**as Kind fand sich sehr schön in dem ihm vertrauten Panzer. Als Jugendliche/Jugendlicher beginnt man sich zu fragen: Bin ich schön? Bin ich häßlich?

**M**an fühlt sich schlecht mit der Akne im Gesicht, fühlt sich zu groß oder zu dick, man bewegt sich linkisch. Man kommt sich vor wie eine Wohnung, die gerade renoviert wird und in der es kein ruhiges Fleckchen gibt, wo man sich ausruhen könnte. Man steckt inmitten einer großen inneren und äußeren Verwandlung.

**W**ährend dieser Zeit messen wir dem *Spiegelbild* eine ungeheure Bedeutung bei, dem unbelebten, das uns der Glasspiegel vorhält, aber auch der lebendigen Spiegelung in den Augen der anderen, in der wir ein Idealbild von uns zu sehen hoffen.

**A**ber ein Spiegel zeigt uns niemals das, was die anderen sehen, wenn sie uns anschauen. Ein Lächeln beispielsweise kann Gesichtszüge erhellen, die in ihrer Unbewegtheit abweisend scheinen. Nur wenn unser Gesicht in Bewegung ist, zeigt es etwas von unserer Persönlichkeit. Schöne, gut geschminkte Augen sind nicht mehr als eine Fassade, die täuschen kann. Viel wichtiger ist der Blick, der aus ihnen spricht: ein Blick läßt sich nicht schminken.

Manchmal weiß man selbst nicht mehr, wer man eigentlich ist und was man von sich zeigen will. Man fühlt sich zerrissen in Sein (der, der man ist) und Schein (das, was man von sich zeigen möchte).

Die inneren Schutzräume der Kinderjahre sind einem abhanden gekommen. Also sucht man Schutz im äußeren Schein, in der Kleidung. Aus einem Gefühl von innerer Armut und Leere wächst das Bedürfnis, die Aufmerksamkeit der anderen auf sich zu ziehen. Man versteckt sich hinter seinem „Look". Dieser Look, das ist so etwas wie ein provisorischer Panzer.

Plötzlich hat man Vorlieben, die Vorliebe für Schwarz zum Beispiel — nicht gerade die Farbe, die Eltern für ihre Kinder aussuchen. Auf einmal ist alles schwarz, die Kleider, das Make-up und manchmal sogar das Zimmer. Trauert man auf diese Weise unbewußt um seine Kindheit? Bringt man sich mit dieser Farbe in äußeren Einklang mit den düsteren Vorstellungen, die einem die Zukunft einflößt? Ist es für Mädchen vielleicht das Vergnügen, die Mutter in ihrem eleganten schwarzen Kleid nachzuahmen?

In der Jugend entwirft man ein Idealbild von sich selbst, das sich nach den Maßstäben der Clique richtet, nach ihren Moden, ihrer Moral und ihren Werten. Man fühlt sich schön oder häßlich in dem Maße, wie nahe man diesem Idealbild kommt. Wenn man die Mode der Clique mitmacht, gibt einem das Selbstbestätigung, und man fühlt sich einer Gruppe zugehörig, denn man trägt das, was die anderen auch tragen. Die Kleidung wird zum Erkennungszeichen, zum Zeichen der Zugehörigkeit. Manchmal fühlt man sich in der Clique und ihren Moden richtig geborgen. Denn da man sich selbst nicht mehr gefällt, möchte man sich wenigstens im Blick der anderen gefallen.

Aber die Mode ändert sich dauernd, und was als schön gilt, hängt von der Zeit und der Kultur ab, in der man lebt. Wenn man blindlings der Mode folgt, kann es passieren, daß man Schönes an sich versteckt und statt dessen weniger Schönes ins Blickfeld rückt.

Manchmal kommt man schon von Natur aus dem Idealbild, das gerade Mode ist, sehr nahe. Das läßt sich aushalten. Manchmal ist man aber sehr weit davon entfernt und leidet dann entsetzlich. Zum Beispiel hat die superschlanke Figur, die Ende der sechziger Jahre zur Norm erhoben wurde, viele Jugendliche vor dramatische Probleme gestellt.

Aber man kann auch mit der Mode spielen, sie seiner Persönlichkeit anpassen und sie für sich vorteilhaft verändern. Da man sich seiner selbst nicht mehr sicher ist, hat man oft das Bedürfnis, Aufmerksamkeit auf sich zu ziehen: Aufzufallen gibt einem das Gefühl, daß man vorhanden ist. Man verhält sich provokativ, um beachtet zu werden. Hübsche Jungen und Mädchen beneiden andere, die nicht hübscher als sie selbst sind, die sich aber selbstsicher geben und wissen, wie man sich bemerkbar macht.

Das Bedürfnis, mit Kleidung oder Make-up zu provozieren, kann mitunter beinahe lächerliche Formen annehmen. Trotzdem ist es wichtig, daß man sich traut, so weit zu gehen. Man muß zu *seiner Provokation* stehen, die Blicke der anderen aushalten, ihnen begegnen können. Aber auffallen kann auch gefährlich sein: Wenn man nämlich die Aufmerksamkeit der anderen auf etwas lenkt, was man gar nicht hat, riskiert man, so zu scheinen, wie man eigentlich nicht ist. Man kann sich dann leicht verlieren zwischen seinem inneren Wesen und dem, was man nach außen hin darstellt.

Am besten spielt man mit dem, was man hat und was man ist, und versucht, das zur Geltung zu bringen. Es ist wichtig, daß man sich traut, seine Persönlichkeit zur Geltung zu bringen, und dabei nie vergißt, daß Schönheit und *Charme* zwei völlig verschiedene Dinge sind.

Manche Gesichter, die auf den Hochglanzfotos der Illustrierten vollkommen wirken, können im Leben schnell langweilig werden – während man von anderen, eher unregelmäßigen Gesichtern, die sich aber während des Gesprächs öffnen und ständig verändern, seinen Blick nicht losreißen kann. Deshalb kann jemand, der „häßlich" ist, so anziehend sein und so viele Eroberungen machen…

Charme wirkt dort, wo man ihn nicht erwartet, und er überrascht und bezaubert dadurch um so mehr. Darin liegt der eigentliche Charme des Charmes. Daher ist man selbst am wenigsten in der Lage, seinen Charme einzuschätzen. Und das ist übrigens sehr gut so, denn im Grunde ist es nicht an uns, unsere Wirkungen auf andere Menschen zu beurteilen. Charme ist etwas Natürliches, und man sollte kein falsches Spiel damit treiben. Es ist ein gefährlicher Sport, „den Charmanten zu spielen"; man riskiert dabei nämlich, den Charme zu verlieren, der einem von Natur aus eigen ist.

Da man sich seiner selbst noch nicht sicher ist, will man sich wenigstens in den *Augen der anderen* gefallen. Dafür ist man sogar bereit, in einen Typ zu schlüpfen, der überhaupt nicht zu einem paßt. Das Schlimmste ist, wenn man mit diesem Typ, den man für so anziehend hielt, denjenigen vertreibt, den man eigentlich damit verführen wollte.

Absolute Schönheit oder absolute Häßlichkeit gibt es nicht. Es kann einem sehr zu schaffen machen, wenn man die innere Häßlichkeit eines Menschen entdeckt, von dessen äußerer Schönheit man hingerissen war. Man hat sich in ihm getäuscht und hat geglaubt, seine innere Schönheit entspräche seiner äußeren. Umgekehrt braucht man sich nur in jemanden zu verlieben, den man zuerst häßlich fand, und man merkt, wie unwichtig all dies wird, wenn man jemanden liebt.

### Séverine, sechzehn

Sich etwas trauen, das heißt für mich, etwas tun, das aus dem Rahmen fällt und das auch nicht zu meiner Persönlichkeit paßt. In der Schule zum Beispiel, da zeigt man sich auf eine bestimmte Art und Weise, man zwingt sich, etwas Bestimmtes darzustellen, man spielt Theater. Und dann wird man eingeengt von strengen Regeln, von der Denkweise, die gerade „in" ist. Sich etwas trauen, das heißt, diese Regeln zu durchbrechen, sich von den anderen, von der Herde zu unterscheiden.

### Antoine, fünfzehn

Schrecklich, ich fühle mich ganz schrecklich, diese Pickel, furchtbar. Ich habe das Gefühl, daß alle Leute mich anschauen, ich weiß gar nicht mehr, was für einen Look ich mir noch ausdenken soll, um mich besser zu fühlen und um mich zu verstecken. Ich weiß nicht, hoffentlich geht das schnell vorbei, denn so, wie es ist, na danke... Meine Eltern, das heißt, meine Mutter sagt, daß das nicht so bleibt, aber bis dahin – ...Scheißangst!

### Farida, sechzehn:

Mein Traum, also was ich gern gemacht hätte, wäre, mit Mode zu tun zu haben. Ich wäre auch gern größer, denn ich weiß, daß man groß sein muß, wenn man da arbeiten will. Man muß 1,75 m groß sein und Größe 38 haben. Das hätte mir gefallen. 1,75 m, das ist meine Traumgröße. Grüne Augen hätte ich auch gern, und schlank wäre ich gern, denn das macht einen charmant. Aber ich bin nicht schlank, ich trage Größe 42, und für meine Größe, 1,53 m, bin ich ein bißchen dick. Ich wiege 57 kg, manchmal auch 60 kg, das kommt darauf an, ob ich gerade zunehme. Das kommt davon, weil ich zu Hause bleiben muß. Na ja, früher hatte ich jede Menge Komplexe, das ist jetzt besser. Ich habe ein Praktikum gemacht, und dabei habe ich mich sehr verändert. Vor dem Praktikum haben mich meine Eltern nicht aus dem Haus gelassen, und wenn mich dann ein Junge auf der Straße angesprochen hat, hatte ich sofort Angst.

**Pascal, siebzehn**

In unserem Alter (in der Adoleszenz) ist man auf der Suche nach sich selber. Dadurch entwickelt man sich geistig, und solange man das nicht geschafft hat, kommt man sich mehr oder weniger häßlich vor.

**Agnès, siebzehn:**

Ich finde mich weder hübsch noch häßlich, aber so, wie ich bin, habe ich meine eigene Schönheit, auch wenn sie nicht allen Leuten gefällt. Natürlich, wenn ich mit einem tollen Mädchen zusammen bin, einer, die wirklich sehr schön ist, dann fühle ich mich minderwertig, denke aber gleichzeitig, dieses Mädchen könnte doch ebensogut wie ein Schwein aussehen.

Klar, wenn ich einem Jungen gegenüberstehe, der sich für mich interessiert, dann versuche ich natürlich, mich ein bißchen herauszustreichen, aber ich übertreibe das nicht.

# SEXUALITÄT

**S**exualität ist für alle Menschen wichtig, aber für niemanden einfach, selbst für Erwachsene nicht. Nichts auf diesem Gebiet versteht sich von selbst, und deshalb ist es immer schwierig, ungezwungen und frei darüber zu sprechen. Es gibt da auch eine Frage der Reife. Man fühlt sich unbehaglich, wenn man zwar sexuelle Gedanken hat, aber *noch nicht so weit* ist, sie auszuleben. Doch auch die schwierigsten Dinge werden einfach, wenn sie im richtigen Moment geschehen, das heißt, wenn man spürt, daß man sie leben kann.

**M**an spricht von der Sexualität so, als gäbe es sie nur, wenn man Lust hat zu flirten und miteinander zu schlafen. Aber in Wirklichkeit beginnt die Sexualität mit dem Leben selbst. Schon ganz kleine Babys haben sexuelle Empfindungen, und unsere ganze Kindheit ist bestimmt von den verschiedenen Entwicklungsstufen unserer Sexualität. Sexuelle Erregung äußert sich in jeder Entwicklungsphase anders; aber es ist dasselbe Verlangen, das uns, wenn wir groß werden, zum anderen hinzieht, zu den Menschen, mit denen wir die zugleich vertraute und doch geheimnisvolle Welt der gemeinsamen sexuellen Lust erforschen werden.

Eine glückliche sexuelle Beziehung ist eine einzigartige, sehr intime Form der Kommunikation. Das, was man dabei gemeinsam erlebt, läßt sich nicht mit Worten beschreiben; und die *geteilte Lust* schafft eine sehr starke Bindung, die beide verändert.

Wir sprechen vom Sexualleben oft so, als gäbe es da keine Unterschiede, als wäre es bei allen Menschen dasselbe. Das ist in doppelter Hinsicht falsch. Zum einen, weil jeder von uns einzigartig ist, in seiner Sexualität wie in allem übrigen. Zum anderen ist die Sexualität der Jungen und die der Mädchen sehr verschieden. Das beginnt schon bei der Motivation, die sie zu ihrer *ersten Erfahrung* treibt.

Mädchen wollen oft einfach gefallen, vor allem aber wollen sie den Jungen nicht mißfallen. Manche wollen auch *nicht mehr Jungfrau* sein. Für sie ist diese erste sexuelle Beziehung, wenn sie ohne Hingabe erlebt wird, wenn es nur darum geht, eine Erfahrung zu machen, nur eine Begegnung zweier Körper, ohne daß die Herzen beteiligt sind, und selten mit Lust verbunden.

Bei Jungen ist das anders. Sie suchen die Erfahrung, und für sie ist es leichter, schon bei ihren ersten sexuellen Kontakten Lust zu empfinden, denn jede Ejakulation geht mit einem Orgasmus einher.

Die erste sexuelle Begegnung ist nicht immer angenehm, vor allem für die Mädchen nicht, nicht einmal, wenn sie sehr verliebt sind. Man muß ganz behutsam vorgehen. Erst nach und nach entdeckt man den eigenen Körper und lernt die eigenen Wünsche kennen.

Man darf aber nicht glauben, daß es für Jungen einfacher wäre als für Mädchen. Oft müssen sie die Initiative ergreifen. Dabei müssen auch sie ihren Körper erst kennenlernen und sind sich seiner noch nicht sicher.

Mädchen können immer so tun, als ob sie Lust empfänden. Sie können das nachahmen, was sie im Kino und im Fernsehen gesehen haben oder was sie vom Hörensagen wissen (und was oft wenig mit der Wirklichkeit zu tun hat). Jungen hingegen können nicht mogeln, nichts vortäuschen, und das macht sie sehr verletzlich.

Der große Unterschied zwischen Jungen und Mädchen ist jedoch die Frage der *Mutterschaft.* Jahrhundertelang war das Leben der Frauen von der Mutterschaft bestimmt. Wenn man kein Kind hatte, war man schlecht angesehen. Wenn man zur falschen Zeit ein Kind bekam, war das eine Tragödie.

Unsere Urgroßmütter und Großmütter haben bei jeder Entbindung ihr Leben aufs Spiel gesetzt. Unsere Mütter haben noch mit der Angst vor ungewollten Schwangerschaften und vor Schwangerschaftsabbrüchen gelebt. Heute hat sich das durch die Empfängnisverhütungsmittel geändert. Aber wir heutigen Frauen haben von all dem etwas mitbekommen, ohne daß wir uns dessen bewußt sind.

Gewollte und nicht gewollte Schwangerschaft, das ist etwas, das Frauen ständig aufs neue in ihrem Körper erleben. Selbst schon bei ganz jungen Mädchen gibt es den Wunsch, Mutter zu werden, aber solange man die Verantwortung für ein Kind noch nicht tragen kann, ist es wirklich besser, keines zu bekommen.

Es gibt da also bei Frauen eine physische Dimension, die sehr verschieden ist von dem, was bei Männern passiert.

In der sexuellen Begegnung übernimmt die Frau mehr Verantwortung als der Mann. Ein Mann kann ejakulieren, ohne daß es Folgen für ihn hätte. Er wird Vater nur auf dem Weg über eine Frau, die sich ihm durch ihre Liebe verbunden fühlt, und nicht durch die bloße Tatsache, daß er mit jemandem geschlafen hat. Für eine Frau dagegen ist das anders. Wenn ein Mann in sie eindringt und ihr seinen Samen gibt, der für sie der Beweis seiner Liebe ist, dann ist das jedesmal eine Öffnung auf die Zukunft hin.

Das Geschlecht des Mannes und das der Frau sind sehr verschieden und sie ergänzen sich. Das erklärt, warum sie ihre Sexualität unterschiedlich erleben.

Für die Frau stehen beim Geschlechtsakt die Hingabe und das Empfangen im Vordergrund, für den Mann das Eindringen und das Herausspritzen des Spermas. Das ist eine ganz andere Art sich hinzugeben. Die Orgasmen der Frau sind ganz unterschiedlich und sie kann mehrere hintereinander haben, während der Mann eine Zeitlang warten muß, bevor er wieder eine Erektion hat, die er für einen neuen Orgasmus braucht.

Bei den Menschen ist der Orgasmus des Mannes für die Arterhaltung notwendig, während der Orgasmus der Frau dafür nicht erforderlich ist. Biologisch gesprochen ist er eine Zutat.

Bei Mädchen kann die Hingabe an die Lust mit völliger Muskelentspannung einhergehen, während die Jungen für den Liebesakt eine gewisse Heftigkeit brauchen. Sie brauchen immer, selbst auf dem Höhepunkt der Lust, bis hin zum Orgasmus, eine gewisse Muskelanspannung. Deshalb sind die sinnlichen Empfindungen von Jungen und Mädchen sehr verschieden. Die Art und Weise, wie sie „den Kopf verlieren", ist nicht die gleiche.

Aber diese Heftigkeit, die zum Liebesspiel gehört, ist wie ein „zärtlicher Krieg", denn Zärtlichkeit ist ja auch mit im Spiel, und mit ihrer Hilfe können beide einander führen, ohne dabei falsche Scham zu empfinden.

Hinter allem Menschlichen steht die Begegnung mit dem anderen. *Liebkosungen sind eine Sprache,* und die zärtliche Liebe, die wir für den anderen empfinden, führt dabei unsere Hände.

Für die Frau sind Liebkosungen vor und während des Geschlechtsakts sehr wichtig, aber oft weiß der Mann das nicht, und er kann es auch nicht herausfinden, wenn man es ihm nicht sagt. In der Liebe ist es immer besser, den anderen zu führen, vor allem wenn man dabei ist, sich zu entdecken. Da gibt es nichts, dessen man sich schämen müßte. Man braucht keine Angst zu haben, sich anschauen zu lassen oder *die Augen für den anderen zu öffnen.* Passivität und Schweigen sind nicht gut. Lieben zu lernen bedeutet für ein Mädchen, daß sie lernt, ihren Partner so zu führen, daß er sie sexuell erregt. Und für den Jungen bedeutet es, daß er *lernt, sexuell zu erregen* und die sexuelle Lust seiner Partnerin in die Länge zu ziehen; und er muß ihr zeigen, wie sie ihn streicheln soll, weil ihr Geschlecht so ganz anders ist als sein eigenes.

Miteinander zu schlafen und den Geschlechtsakt zu vollziehen kann eine wirkliche Begegnung sein, die beide verändert. Es kann aber auch eine verpaßte Gelegenheit sein, die jeder für sich alleine erlebt, indem er nur an die eigene Lust denkt, ohne auf die Lust des anderen zu achten. Letztendlich entfernt eine solche Erfahrung die beiden Partner voneinander. Man sollte sich damit niemals zufriedengeben.

Für die Frauen zum Beispiel scheint es ein leichtes zu sein, einen Orgasmus vorzutäuschen. Aber das ist eine böse Falle, denn wenn man einmal damit angefangen hat, ist es schwer, da wieder herauszufinden, weil man völlig mit dem *Theater* beschäftigt ist, das man dem anderen vorspielt. Es gibt dann keine wirkliche Begegnung, und man wird in dem ganzen Schwindel zum Opfer seiner eigenen Strategie.

Aber warum ist es so schwierig, mit dem Partner offen über die sexuelle Lust zu sprechen? Vielleicht ist es die Erinnerung daran, daß wir masturbiert haben. Man entdeckt das eigene Geschlecht und die beste Art, zum Orgasmus zu kommen, oft bei der Masturbation. Vielleicht *schämen* wir uns deshalb, mit dem anderen darüber zu sprechen.

Selbstbefriedigung (Masturbation oder Onanieren) ist eine durchaus natürliche menschliche Handlung. Schon ganz kleine Kinder beginnen zu masturbieren. Manche fühlen sich dabei sehr schuldig, andere, zum Glück, weniger. Das hängt davon ab, wie man mit ihnen darüber spricht. Leider begegnen die Erwachsenen der kindlichen Masturbation häufig mit Argwohn.

Wenn das Kind dann größer wird, kommt eine mehrere Jahre dauernde Ruhephase, während der es sich überhaupt nicht mehr für sexuelle Dinge interessiert. Das kann so weit gehen, daß die Tatsache, daß man früher einmal masturbiert hat, darüber vollständig vergessen wird. In der Pubertät entdeckt man die Masturbation wieder neu, manchmal zufällig, weil der Körper sich bemerkbar macht und weil es ein gutes Mittel ist, eine *sexuelle Spannung* zu lindern, deren Natur man nicht kennt.

Mit jedem körperlichen Entwicklungsschub erlebt man auch einen Entwicklungsschub der Triebe, des Verlangens und der sexuellen Wünsche, was häufig zur Selbstbe-friedigung führt. Für manche ist Selbstbefriedigung eine Möglichkeit, ihr Geschlecht und ihre Sexualität zu entdecken und kennenzulernen. Darüber muß man hin-auswachsen, es ist nichts weiter als ein Zeichen dafür, daß wir uns entwickeln.

Die Triebe gehören zur Natur des Menschen genauso wie die „schönen, erhabenen Gedanken". Sie sind die Grund-lage der gesamten menschlichen Natur, die animalische Poesie des Körpers. Man sollte sie weder verachten noch vernachlässigen.

Also Scham und Ironie passen da nicht. Man kann wohl miteinander darüber lachen, aber man sollte sich nicht lustig darüber machen. Auch beim Masturbieren gibt es Unterschiede zwischen Männern und Frauen. Frauen haben, anders als die Männer, vielerlei Möglichkeiten zu masturbieren, und sie tun es mehr im geheimen, so als würden sie mehr Scham darüber empfinden. Unter Män-nern spricht man über dieses Thema sehr frei und locker.

Vorsicht ist geboten im Hinblick auf den inneren Film, der dabei abläuft, die inneren Bilder, die Phantasievor-stellungen, die beim Masturbieren auftauchen. Diese Phantasien und Vorstellungsbilder verursachen oft Schuldgefühle, sei es, weil sie mit Gewalt zu tun haben, sei es, weil sie die Zeit wieder wachrufen, in der unsere Eltern, beim Waschen oder beim Windelwechseln, völlig harmlos und ohne sexuelle Absichten ihrerseits unser Geschlecht berührt haben. Diese Phantasien weisen ganz einfach auf eine normale und wichtige Phase in der sexuellen Entwicklung eines jeden Menschen hin.

Aber das Wichtigste und Gefährlichste ist, daß die Phantasien uns von den anderen trennen. Man geht nicht auf den „wirklichen" Menschen zu, sondern auf einen „erträumten". Das ist so, als würde man nur mit sich selbst „verkehren", und es kann dazu führen, daß man anderen Menschen gegenüber immer schüchterner wird. Und in diesem Falle bringen einem die Phantasien nur Kränkungen, und man ist hinterher so klug wie zuvor. Solche erregenden Vorstellungen enden mit einem Augenblick körperlicher Lust, und hinterher ist man wieder ganz allein, und man fühlt sich verdammt einsam.

Die sexuelle Spannung, die uns, ohne daß wir uns dessen immer bewußt sind, dazu treibt, auf andere Menschen zuzugehen, wirkliche Begegnungen zu suchen und unsere Schüchternheit zu überwinden, wird in diesem Fall ohne Partner befriedigt, und man erlebt die *Begegnung in der Phantasie.* Wer die sexuelle Befriedigung in der bloßen Vorstellung findet, wird noch einsamer, weil er sich nicht traut, auf den Menschen, der ihn anzieht, wirklich zuzugehen.

Wenn man auf diese Weise seine ganze Energie abläßt, um sich von der sexuellen Spannung zu befreien, dann hat man nicht mehr den Mut, auf andere zuzugehen. Man fühlt sich unsicher, weil man Angst hat, die anderen sehen einem das an — was natürlich nicht stimmt... Infolgedessen kommt die Spannung wieder, und man zieht sich immer mehr in sich selbst zurück. Man flüchtet in eine eigene Welt, die nur einem selbst gehört und in der man sich einschließt. Das bedeutet eine gefährliche Verarmung, wo doch gerade die Jugend eine Zeit ist, in der man die *Begegnung mit anderen* ganz besonders braucht. Vor allem für jene Mädchen und Jungen, die sich nicht hübsch finden und kein Selbstbewußtsein haben, ist das vertrackt. Ihre Minderwertigkeitsgefühle unterdrücken die Triebe, die sie zu einem anderen Menschen hinziehen.

Es ist kein Drama, wenn man masturbiert. Dramatisch wird es erst, wenn man sich damit zufriedengibt. Geteilte Lust ist nämlich trotz allem viel schöner als *einsame Lust*. Aber auch wenn man mit jemandem schläft, bleibt man manchmal auf sich selbst konzentriert, so als würde man masturbieren. In diesem Fall ist man noch mehr allein, als wenn man wirklich alleine wäre, es ist, als würde man mit dem Körper des anderen masturbieren. Um wirklich zusammenzusein, reicht es nicht, zu zweit zu sein.

Mit den Eltern über die eigene Sexualität zu sprechen, ist praktisch unmöglich. Und wenn man etwas darüber nachdenkt, ist das auch viel besser so. Mit den Eltern über Sexualität zu sprechen, das kann schrecklich peinliche Vorstellungen hervorrufen. Natürlich ist es lange nicht so schlimm, sich etwas vorzustellen, wie etwas zu tun. Aber man kann sich sehr unbehaglich fühlen, wenn man sich das körperlich-sexuelle Beisammensein mit den Eltern vorstellt.

In der Sprache der Wissenschaft nennt man das eine Inzestphantasie.

Unter *Inzest* versteht man eine sexuelle Beziehung zwischen nahen Verwandten (Eltern/Kinder, Bruder/ Schwester). Inzest ist in allen menschlichen Gesellschaften verboten, abgesehen von ganz wenigen Ausnahmen in der Geschichte. Und er ist nicht nur ein soziales, sondern auch ein religiöses Verbot, und zwar in allen Religionen. Inzest ist also ein *Tabu*. Es zu brechen, auch wenn wir es nur in der Vorstellung tun, kann uns tief verstören.

Es ist schwierig, ja unmöglich, sich eine sexuelle Beziehung vorzustellen, aus der man selbst hervorgegangen ist, an der man durch den Wunsch, geboren zu werden, selbst beteiligt war. Denn mit unserem unbewußten Wunsch, zu leben, sind wir vom Moment der Empfängnis an ganz und gar da. Es ist sehr beunruhigend, sich zu vergegenwärtigen, daß man voller Verlangen war zu einem Zeitpunkt, zu dem man noch nicht einmal eine Vorstellung von sich haben kann. Man war da — aber wie war man da?

Und doch gibt es immer einen Moment, wo man sich fragt, ob man aus einer Beziehung stammt, die für die Eltern lustvoll war oder nicht. Man fragt sich, ob man ein Kind der Liebe ist, das Kind von Liebenden.

Es gibt Familien, in denen alles, was mit Sexualität zu tun hat, als schmutzig oder verboten gilt. Man weiß also nicht, ob man nun ein Kind der Liebe oder ein Kind der *Schuld* ist. In diesen Familien wird man doppelt schuldig, wenn man sich seine Eltern vorstellt, wie sie gerade „schuldig werden".

Dagegen gibt es Familien, wo die Eltern sich „kameradschaftlich" über ihre Sexualität auslassen und sich in das sexuelle Leben ihrer Kinder einzumischen versuchen. Wenn die Eltern getrennt leben, ist es schwierig, nicht in diese Art von Beziehung hineinzurutschen.

Manchmal ist es auf die Dauer viel verhängnisvoller, wenn man solche kameradschaftlichen Eltern hat, die zuviel über unsere Sexualität wissen wollen, als wenn man zu rigide Eltern hat, die nichts von Sexualität hören wollen.

Was in einer wirklichen Liebesbeziehung passiert, ist geheimnisvoll und nicht mitteilbar. Es ist eine Öffnung auf das Unbekannte hin, das nur dem Liebespaar gehört, ihm und niemandem sonst. Daß man daraus hervorgegangen ist, bedeutet nicht, daß man das Recht hätte, daran teilzuhaben. Die ältere Generation hat kein Recht, sich in die Sexualität der folgenden Generation einzumischen, umgekehrt gilt dasselbe.

Sexualität kann man nicht mit den Eltern teilen, auch wenn es wunderbar ist, sie von Zeit zu Zeit um einen Rat fragen zu können.

Leider bringt die Angst vor Aids viele Eltern, die niemals zuvor mit ihren Kindern über die Liebe gesprochen haben, dazu, sich sehr genau über die Verwendung von Kondomen auszulassen. Daher wird in manchen Familien zwar wortreich über Sex und *Pariser* gesprochen — aber nicht über die Liebe!

Es kann etwas Düsteres haben, wenn die aufgeschreckten Eltern einem den Gebrauch von Parisern erklären; dennoch, wenn zwei Jugendliche einander lieben und zum richtigen Zeitpunkt einen Pariscr benutzen, so kann das durchaus in einem komplexen Zusammenhang geschehen und mit Zärtlichkeit und auch mit Humor verbunden sein.

Von *Homosexualität* sprechen wir dann, wenn wir uns von einem gleichgeschlechtlichen Partner angezogen fühlen. Man darf Homosexualität nicht mit Päderastie verwechseln: Von Päderastie sprechen wir, wenn Erwachsene sich sexuell zu Kindern hingezogen fühlen. Das sind zwei sehr verschiedene Dinge.

In jedem von uns gibt es Homosexualität, allerdings ohne daß wir uns dessen bewußt wären und ohne daß wir die Neigung verspürten, sie auszuleben. Sie gehört zu den Kräften, die Freundschaften zusammenhalten. In der Adoleszenz werden solche sexuellen Verlockungen bewußt, ja, man kann in diesem Zusammenhang wahre Gefühlsstürme erleben. Jeder von uns kennt das Gefühl, das man hat, wenn man für jemanden „schwärmt", der dem eigenen Geschlecht angehört.

Solche Gefühle gehen vorüber und man braucht deshalb nicht den Kopf zu verlieren. Vor allem muß man nicht glauben, man sei homosexuell oder lesbisch, weil man sich einmal in einen Menschen verliebt hat, der demselben Geschlecht angehört wie man selbst. Es kommt auch vor, daß man in der Gegenwart eines solchen Menschen körperliche Erregungen spürt. Und weil man Schuldgefühle hat, behält man es lieber für sich, man glaubt, man sei homosexuell und könne nun nie mehr auf jemanden zugehen, der dem anderen Geschlecht angehört. Wenn man mit einem solchen Geheimnis belastet ist, braucht man Hilfe. Man kann darüber mit einem Erwachsenen sprechen, dem man vertraut, oder mit einem Arzt.

Und man sollte etwas Vorübergehendes nicht für endgültig halten.

Wenn man sich häßlich vorkommt, traut man sich manchmal nicht, auf Menschen des anderen Geschlechts zuzugehen. Das kann dazu führen, daß man sich in die Homosexualität zurückzieht wie in einen Zufluchtsort. Auch dabei handelt es sich meist um etwas Vorübergehendes, einen Übergang, den man in dieser Lebensphase vielleicht braucht; und man sollte sich über einen Freund, der gerade eine homosexuelle Phase erlebt, nicht lustig machen und ihn auch nicht auf diese Rolle festlegen.

Manchmal erziehen Eltern ihre Jungen wie Mädchen oder umgekehrt. Diese Kinder brauchen Zeit, sich aus ihrer Rolle zu befreien. Auch ist dem äußeren Schein nicht immer zu trauen. Mädchen, die sehr männlich wirken, können in ihrer Sexualität sehr weiblich sein. Und oft sind eher schmächtige Jungen sehr männlich, und Jungen, die wie „Tarzan" auftreten, überhaupt nicht. Für manche Männer und Frauen ist ihre Homosexualität etwas Endgültiges. Das ist oft schwierig zu leben, aber es ist weder gut noch schlecht, es ist weder etwas Beschämendes noch etwas besonders Dramatisches. Man kann auch so sein Leben meistern.

Wenn man von jemandem, der älter ist als man selbst, in die Homosexualität eingeführt wird, kann man sehr starke Lust- und Liebesgefühle dabei empfinden, ähnlich denen, die man für seine Eltern hatte, als man klein war. Man kann auf diese Weise in ein Alter zurückfallen, in dem man geglaubt hat, die Erwachsenen seien im Besitz aller Rechte und hätten auch in allem recht. Diese Abhängigkeit von jemandem, der einem die Freiheit und die Kritikfähigkeit nimmt, ist eine der großen Gefahren, die in einer homosexuellen Beziehung zwischen Jugendlichen und Erwachsenen liegen können. Diese *Abhängigkeit* zu akzeptieren bedeutet, seine eigene Entwicklung aufzugeben.

### Anne, sechzehn

Sexualität, das ist für mich ein bißchen wie größer werden. Das ist die Zeit, in der aus meinem Körper der Körper einer Frau wird. Wenn ich mit einem Jungen schlafe, gibt mir das Selbstbestätigung. Aber Sexualität bedeutet auch Verhütungsmittel, die Angst, ein Kind zu bekommen, das man nicht haben will, selbst dann nicht, wenn man verliebt ist.

### Carole, fünfzehn

Ich brauche das, daß ein Junge mich anfaßt, sonst denke ich, ich bin tot. Ich brauche immer einen Jungen, manchmal auch mehrere. Manche sagen, ich sei „nuttig", aber das stimmt nicht. Ich brauch das einfach, daß mich jemand liebt und mir das auch zeigt, das ist es. Eigentlich weiß ich nicht so genau, was ich will.

### Gilbert, siebzehn

Es stimmt, seit einiger Zeit sind wir wahnsinnig gern obszön, meine Kumpel und ich. Wir sagen wirklich sehr vulgäres Zeug, das machen wir oft. Ich weiß auch nicht warum, aber wir könnten uns dabei totlachen! Mein Vater sagt, das ist das Alter, und ich nehme an, daß er weiß, wovon er spricht... Es stimmt, im Moment gehen da eine ganze Menge Zeitungen rum... du weißt schon, welche ich meine... Also, ich kauf die nie (ich weiß nicht, wo man sich die besorgen kann), aber mein Freund hat jede Menge davon. Ich gebe zu, daß uns diese ganzen Geschichten ein bißchen verrückt machen.

### Blandine, vierzehn

Ich werde das erst tun, wenn ich auch bereit dazu bin, vorher nicht. Die anderen Mädchen machen das auch nicht aus Lust oder weil es ihnen Spaß macht, sondern weil sie Schiß vor den Jungen haben. Also in der Beziehung hab ich keinen Schiß vor den Jungen, das schwör ich. Im Gegenteil, die haben Schiß vor mir. Ich warte und werde es nur mit jemandem tun, den ich wirklich liebe.

### Delphine, vierzehn

Heutzutage ist es eine Schande, wenn man mit achtzehn oder neunzehn noch Jungfrau ist. Das heißt soviel wie: „Du bist nicht so wie die anderen, du hockst zuviel alleine rum." Die Jungen sagen sowieso: „Wenn du nicht mit mir ins Bett gehst, kannst du abhauen."

# LIEBE

Daß man die Möglichkeit hat, richtige Liebesbeziehungen einzugehen, ist etwas Neues von wirklich großer Bedeutung. Allerdings ist es schwierig, weil man dabei oft auf Unverständnis seitens der Erwachsenen und der Gesellschaft stößt. Die Erwachsenen haben Angst vor Gefühlen, die sie verunsichern, die über ihre eigene Gefühlswelt hinausgehen und ihre Lebensweise in Frage stellen. Es ist schon wahr, daß die *Großherzigkeit* und die *Gefühlsstärke*, die unsere ersten Liebschaften kennzeichnen, in krassem Gegensatz stehen zu jenem Bild vom Paar und von der Liebe, das uns die Erwachsenen oft bieten. Schwierig, sich ein Ideal von Liebe zu bewahren angesichts einer allzu häufig eher düsteren Szene, in der die Zahlungsaufforderungen des Rechtsanwalts an die Stelle der Botschaften Amors getreten sind! Die Adoleszenz ist ein Weg, auf dem man eine Illusion nach der anderen verliert.
Man steht an der Schwelle zum Erwachsenenleben und entdeckt, daß es ein Ort aller nur erdenklichen Widersprüche ist, während man bisher geglaubt hat, es sei voller Sinn und Fülle,

voller Sicherheit und Freiheit. In dieser Verwirrung braucht man sichere Anhaltspunkte, man ist für alle Einflüsse empfänglich, und Begegnungen mit Menschen außerhalb der Familie gewinnen große Bedeutung.

Sie können unser Leben sowohl zum Guten als auch zum Schlechten beeinflussen. Ein Grund mehr, sich nun, noch mehr als in der Kindheit, in acht zu nehmen und sich vor dem Gerede von Leuten zu schützen, die uns mit guten Ratschlägen überhäufen – aus Langeweile oder weil sie es nicht aushalten, mit sich und ihren eigenen Schwierigkeiten allein zu sein; sie sind nur darauf aus, jemanden zu finden, der ihnen zuhört.

Das Leben stellt unser Ideal von Treue oft auf die Probe. Wenn zwei Menschen füreinander gemacht sind, hat Treue einen Sinn. Aber man sollte eine Liebesaffäre nicht mit Liebe verwechseln. Wenn man sich den falschen Partner ausgesucht hat und ihn nicht oder nicht mehr liebt, sich aber im Namen eines Ideals zur Treue zwingt, so ist das neurotisch. Sich das einzugestehen ist schwer, denn es bedeutet, daß man den Mut aufbringen muß, sich nicht weiter an eine Affäre zu klammern, die gar keine Liebe ist. Wirklicher Mut heißt manchmal, daß man Schluß macht.

Aber woran erkennt man, daß es Liebe ist? *Eifersucht* ist kein Beweis für Liebe, sondern ein Beweis für Unreife. Wenn man es sich richtig überlegt, ist vieles von unserem Kummer mit der Liebe gekränkter Stolz. Wenn wir verliebt sind, wachsen uns Flügel. Wir entdecken die schöpferische Kraft in uns, unsere Fähigkeit, Neues zu entdecken, wir erleben den Zauber des Verliebtseins, und die Welt verwandelt sich in bisher nicht gekannter Weise. Jeder versucht, dem anderen auf alle erdenkliche Art seine Liebe zu beweisen. Wir fühlen uns freier und schöner; wir haben mehr Pläne und auch mehr Kraft, sie in die Tat umzusetzen. Wir fühlen uns nicht mehr schwach und willenlos, nicht mehr von unseren Träumen überschwemmt.

Wenn man sich in einer Beziehung eingeengt fühlt und sich nicht traut, so zu sein, wie man ist, dann stimmt mit der Liebe etwas nicht. Um uns Leiden zu ersparen, sollten wir den Mut haben, uns das möglichst rasch klarzumachen, anstatt in einer Beziehung hängenzubleiben, die keinen Sinn mehr hat.

In einer Liebesbeziehung gibt es Taktiken, die Liebe lebendig zu erhalten; man kann zum Beispiel ausprobieren, wie man sich gegenseitig überraschen kann. All das gehört zum Spiel und ist Teil der *Kreativität* von Verliebten. Wenn man dabei von „Strategien" sprechen kann, so sind es Strategien, bei denen man die Achtung vor dem anderen wahrt, mit deren Hilfe man den anderen sucht und entdeckt und die die Beziehung festigen. Aber wenn man spürt, daß man dem anderen nicht vollkommen *vertraut*, dann sollte man sich fragen, ob es sich wirklich um eine Liebesbeziehung handelt.

Liebe und Vertrauen gehören unbedingt zusammen. Deshalb ist es sehr wichtig, daß man es sich nicht erlaubt, ein doppeltes Spiel zu spielen, indem man das eine sagt und im Grunde seines Herzens das andere denkt, so als müsse man in der Tiefe immer etwas für sich behalten. Dadurch schließt man den anderen ohne sein Wissen aus. Manchmal kann man nicht anders. Aber wenn man anders kann und sich trotzdem so verhält, dann sind unsere Worte nicht mehr Worte der Liebe, sondern nur mehr Ausdruck des Taktierens. Jede Strategie, mit der wir darauf abzielen, etwas zu verheimlichen, uns hinter einer Maske zu verstecken, uns nicht offen zu zeigen, die Dinge zu vernebeln, um uns zu schützen, tötet letztendlich die Beziehung.

Auf jeden Fall sollte man in der Liebe, in der Freundschaft wie überhaupt in allen persönlichen Beziehungen möglichst wenig taktieren.

Jemanden erpressen, um ihn einzufangen, dem anderen weismachen, daß man mit einem Dritten zusammen sei, um ihn eifersüchtig zu machen, oder ihn bewußt in dem Glauben lassen, man sei ein anderer/eine andere als der, der man tatsächlich ist – das alles sind nichts weiter als kleine Spielchen. Es ist das Gegenteil von Liebe, denn in Wirklichkeit liebt man in einem solchen Fall im anderen nur sich selbst. Das ist weder gut noch schlecht, es ist ganz einfach unreif.

Wenn man jemanden anmacht oder für sich „entflammt", dann läßt man ihn glauben, daß er einem gefällt, während man doch sehr genau weiß, daß man nicht wirklich etwas mit ihm anfangen will und nicht bis zum Letzten gehen wird. Jemanden anzumachen kann einem sehr amüsant erscheinen. Es gibt einem so etwas wie Selbstbestätigung, wenn man die Macht seiner eigenen Verführungskünste spürt. Aber wenn man jemanden verführt, riskiert man auch, sich wirklich in eine Beziehung mit ihm zu verwikkeln. Und in einer Beziehung ist die *Begegnung* das Wichtigste.

Anmachen bedeutet, daß wir *berechnend* sind in der Absicht, *uns zu verweigern*, auch wenn wir uns dessen nicht bewußt sind. Es bedeutet, daß wir den anderen nicht ernst nehmen und selbst nichts geben. Wir benutzen ihn zu unserer eigenen persönlichen Befriedigung, um unsere Macht zu erproben.

Manchmal — nein, sogar oft — macht man diese kleinen Spielchen unbewußt. Es ist aber ein *gefährliches Spiel*, sowohl für denjenigen, der einen anderen anmacht, wie auch für den, der angemacht wird. Der Junge, der von uns angemacht wird, glaubt vielleicht den Gefühlen, die man ihm vorspielt. Er glaubt vielleicht, daß er wirklich begehrt wird. Beim ersten Mal fühlt er sich davon vielleicht geschmeichelt. Wenn er dann aber merkt, daß er nur ein Vergnügungsobjekt gewesen ist und daß man ihn sehr bald wieder links liegen läßt, dann ist er um so enttäuschter. Er fühlt sich gedemütigt. Das Gefühl der Demütigung aber kann Wut und Rachsucht hervorrufen.

Wenn man jemanden so anmacht, daß man ihn wirklich für sich „entflammt", kann sich das zu einer Affäre auswachsen, die einem sehr schnell über den Kopf wächst. Man kann damit starke *Kräfte entfesseln*, leidenschaftliche und gefährliche Gefühle. Ein Junge zum Beispiel, der von einem Mädchen heftig genug angemacht worden ist, kann durchaus in der Gefahr stehen, seine Körperkraft zu mißbrauchen, um von dem Mädchen zu erzwingen, was er gehofft hatte, freiwillig von ihr zu bekommen.

Anmachen ist häufig bloß eine ungeschickte Art, die Macht der eigenen Verführungskräfte kennenzulernen und zu bezähmen. Wenn man einmal begriffen hat, worum es dabei eigentlich geht, kann man auf dieses Verhalten verzichten, das nichts anderes ist als ein gefährliches Spiel.

Liebe ist immer mit Zärtlichkeit verbunden; es kann jedoch sein, daß wir Zärtlichkeit empfinden, ohne daß es Liebe ist.

In der Liebe wiederholen wir auch etwas, das uns in der Vergangenheit viel bedeutet hat. Am Anfang unseres

Lebens sind wir alle bestimmt von dem Wunsch nach Verschmelzung mit Vater und Mutter. Deshalb ist die *Verschmelzung in der Liebe* so verlockend für uns. Und deshalb wiederholt man auch, ohne daß man sich dessen bewußt wäre, eine Paarbeziehung, die mit der der Eltern identisch oder ihr gerade entgegengesetzt ist, was auf das gleiche hinausläuft.

Aus Liebe kann man so schwach werden, daß man den anderen Dinge sagen und tun läßt, mit denen man nicht einverstanden ist. Man tritt ihm nicht entgegen, aus Furcht, verlassen zu werden. Aber es gibt nichts Schlimmeres in der Liebe, als wie Zwillinge zu werden, die immerzu das gleiche denken.

Die Liebe lebt aus der *Verschiedenartigkeit* der Partner und aus der Energie, die das Begreifen dieser Verschiedenartigkeit mobilisiert; sie lebt auch aus der Achtung für einen Menschen, der nicht so denkt wie man selbst, während wir oft glauben, Liebe bedeute die Vereinnahmung der eigenen Gedanken durch einen anderen und umgekehrt.

Wir müssen uns immer die *Freiheit des eigenen Denkens* bewahren und sollten niemals ein eigenes Ideal unter dem Vorwand aufgeben, daß die Person, die wir lieben, uns gerne anders haben möchte.

Die Jugend ist die *Zeit der Leidenschaften.* Liebe wird oft mit Leidenschaft verwechselt, aber Leidenschaft schließt Zärtlichkeit aus. Das Wesen der Leidenschaft ist Begehren und *Besitz,* sowohl in der Phantasie als auch in der Wirklichkeit. Der leidenschaftlich Liebende will den Menschen, den er zu lieben meint, besitzen, und zwar bis in die innersten Gedanken hinein.

In der Leidenschaft gibt es keinen *Respekt* vor dem anderen. Aus diesem Grund ist sie am Ende eher etwas

Zerstörendes. Aber wenn man viele Leidenschaften durchlebt hat, begreift man am Ende vielleicht ein bißchen besser, was Liebe ist.

Die Ehe ist ein wichtiges symbolisches Band, sie ist aber zugleich ein soziales Band, das je nach Zeitalter und Kultur unter den verschiedensten Bedingungen geknüpft wird. In manchen Gesellschaften und zu manchen Zeiten hat man – und man tut es heute noch – Liebe und Ehe oft als etwas völlig Getrenntes behandelt, was eine sehr schmerzliche Polarisierung bedeutet.

Was sich ändert, das sind die Gesetze, denen das Leben eines Paares unterworfen ist, nicht aber die viel tiefergehenden Bindungen, die einen Mann und eine Frau aneinander knüpfen.

Wirkliche Liebe ist eine der mächtigsten Kräfte, die es gibt, stärker als die Zeit, der Tod oder die Gesetze, eine Kraft, die sich immer gleich bleibt, egal, an welchem Ort und zu welcher Zeit.

### Ali, sechzehn

Meine Freunde und ich, wir ziehen durch die Straßen, und wir gehen an den Strand, um uns dort Erinnerungen an unsere Kindheit wachzurufen, um Freunde zu finden und vor allem um Mädchen zu treffen, mit denen wir auszugehen versuchen. In unserem Alter ist man ständig auf der Suche nach neuen Bekanntschaften, besonders nach Mädchen. Man will sich fühlen wie die anderen auch, man will Gefühle erleben und seine Liebe teilen mit dem Mädchen, das man liebt.

### César, siebzehn

Ich muß noch dazu sagen, daß ich ziemlich allein bin. Und ich bin auch ein komischer Typ, ich mache oft auf melodramatisch. Ich muß immer alles dramatisieren, weil, ich bin nämlich ein Pessimist, echt pessimistisch. Na ja, es gibt Tage, da geht's mir gut, aber an anderen Tagen... Trotzdem glaub ich, wenn ich eine Freundin hätte, dann würde es mir schon besser gehen.

### Ingrid, sechzehn

Die Liebe kommt und geht. Man begegnet sich, man schwört einander, daß man sich ganz lange lieben wird, und dann geht man auseinander, weil man einander nicht mehr erträgt… In unserem Alter darf man die Liebe nicht so ernst nehmen. Ich glaube nicht, daß man in unserem Alter schon die Liebe seines Lebens finden kann. Das ist übrigens auch der Grund, warum ich auf Liebe leichter verzichten kann als auf Freundschaft, zumindest auf die Liebe, die man in unserem Alter erlebt, nicht auf die, von der ich träume… Ich hoffe, daß sie mir eines Tages begegnet, aber noch fühle ich mich nicht soweit.

### Nicolas, sechzehn

In meinem Alter hat Liebe eher was mit Ausprobieren zu tun. Sie ist nichts von Dauer, sie kann gar nicht von Dauer sein. Man entdeckt die körperliche Anziehung durch einen Vertreter des anderen Geschlechts, bis man dann eines Tages dem „richtigen" Menschen begegnet.

### Claudie, siebzehn

Liebe bedeutet, daß man den anderen mehr liebt als sich selbst, daß man ihn achtet und ihn bewundert. Das ist ein tolles Erlebnis.

### Dominique, sechzehn

Meiner Meinung nach ist Liebe etwas ganz Wesentliches, denn sie gibt mir Freude, ich fühle mich gut, ich fühle mich anders… es gibt auch die Liebe in meinem Kopf, die ich mir vorstelle; so habe ich ein Ziel. Ich finde das selbst ein bißchen komisch, aber es macht mir Spaß.

### Françoise, siebzehn

Liebe macht mich schön… Durch sie bekomme ich Selbstvertrauen, jedenfalls zu einem großen Teil. Es tut gut, wenn man spürt, daß einen jemand braucht und einem vertraut. Und gleichzeitig hat man jemanden, auf den man sich stützen und auf den man zählen kann.

### Christian, sechzehneinhalb

Liebe ist ein ziemlich unerkläriches Gefühl, noch schwieriger zu begreifen als Freundschaft… Es ist ein bißchen wie Lottospielen: Manche warten ein Leben lang auf die richtige Zahl und kriegen niemals was, und manche haben auf Anhieb einen Volltreffer. Und dazwischen gibt es die, die gewinnen, aber nur die Hälfte dessen, was sie gewinnen könnten.

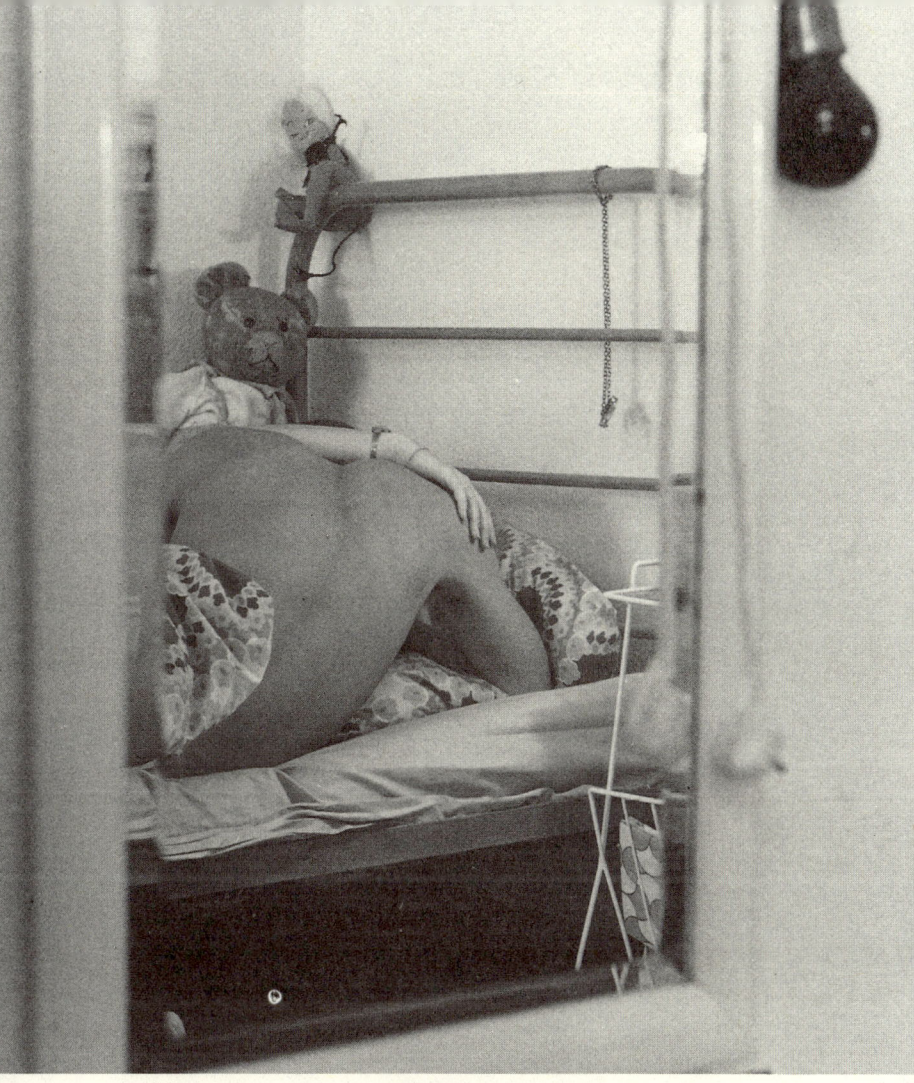

### Betty, sechzehn

Bevor ich heirate, möchte ich
mit meinem Freund zusam-
menleben, damit ich sehe, ob
es klappt. Man weiß ja nie,
wenn er anfangen würde, mich
zu schlagen oder so, das
könnte ich nicht ertragen, wo
ich doch die Freiheit so sehr
liebe.

### Karine, fünfzehn

Ich bin der Ansicht, daß ein
Mensch, der einen anderen
Menschen liebt, ihm auch treu
sein muß. Für mich ist Liebe
mit Treue, Vertrauen, Zärtlichkeit, Freundschaft verbunden
und alldem, was zwei Men-
schen, die einander lieben,
gemeinsam haben können.

# FREUNDSCHAFT

**F**reundschaft ist etwas ganz Wesentliches, vor allem während eines Lebensabschnitts, in dem sich die Beziehungen zur eigenen Familie verändern. **W**ir suchen einen Doppelgänger oder eine Doppelgängerin, damit wir uns stärker fühlen, einen Vertrauten, dem wir unseren Kummer sagen können, eine *verwandte Seele*, die unseren Kummer lindert durch das Gefühl der Zusammengehörigkeit, ein *Alter ego*, das uns Kraft gibt und uns hilft voranzukommen.

**M**an sucht auch einen lebenden Spiegel, um die eigene Person zu festigen, weil man seiner selbst nicht sicher ist. Manchmal versucht man auch, ein Gefühl der Verschmelzung wiederherzustellen, wie es damals war mit den Eltern, als man selbst noch klein war und glaubte, diese Liebesbeziehung zu den Eltern sei unzerstörbar.

**Z**eitweise scheint einem das Bild, das sich die Gruppe, die *Clique* von einem macht, geradezu lebenswichtig zu sein. Man will sich identifizieren, man will so sein wie die anderen. Aus Angst, abgelehnt zu werden, identifiziert man sich mit seinen Freunden. Das ist manchmal problematisch, denn wenn eine Gruppe lebendig sein und funktionieren soll, dann ist es viel eher notwendig, daß die einzelnen Gruppenmitglieder einander ergänzen.

Man hat Angst vor *Unterschieden*, als würden Unterschiede die Gruppe bedrohen, doch gerade die Unterschiede machen eine Gruppe aus. Es gibt da ein Gleichgewicht, das jeder für sich selbst finden muß: man muß sich genügend anpassen, ein Stück weit so sein wie die Gruppe, um wirklich Teil der Gruppe zu sein und dazuzugehören, und man muß zugleich seine Eigenart, seine Persönlichkeit bewahren, um man selbst zu bleiben.

Wirkliche Freundschaft, diejenige, die Bestand hat, beginnt, wenn man zum anderen sagen kann: *„Du bist nicht wie ich*, und du hast ein Recht, so zu sein, wie du bist. Ich mag dich gern in deinem Anderssein."

Bekannte haben wir viele, *wirkliche Freunde* dagegen sind viel seltener. Man sagt ja auch, die wirklichen Freunde, die man im Laufe des Lebens findet, seien an einer Hand abzuzählen. Wenn man es nicht schafft, Freundschaften zu schließen, muß man sich fragen, woran das liegen könnte, und vielleicht mit einem Erwachsenen, zu dem man Vertrauen hat, darüber sprechen.

Bekannte zu haben ist gut, solange es nur um gemeinsame Freizeitaktivitäten geht. Hinter einer Freundschaft aber steht eine wirkliche Begegnung, etwas, das bewirkt, daß man nach dieser Begegnung nicht mehr derselbe Mensch ist wie zuvor. Erwachsene, die keine Freunde, sondern nur Arbeitskollegen oder Bekannte haben, haben niemanden mehr, wenn sie eines Tages nicht mehr arbeiten.

Es ist traurig, wenn man Eltern hat, die nie Freunde mit nach Hause bringen. In solchen Familien fehlt die

Öffnung zum Leben hin, und für solche Eltern ist es schwer oder gar unmöglich, zu verstehen, von welcher Bedeutung Freundschaft im Leben eines Jugendlichen ist. Es gibt auch Eltern, die zwar wahnsinnig viele Bekannte haben, aber keine wirklichen Freunde; das erscheint lebendiger, läuft aber auf das gleiche hinaus.

Echte Freundschaft gibt einem Kraft, sich etwas zu trauen, in die Zukunft zu denken und sich für etwas einzusetzen. Vielleicht sagen deshalb fast alle Jugendlichen, Freundschaft sei das Wichtigste in ihrem Leben. Eine Freundschaft *stärkt unsere Selbstsicherheit* und unser Selbstvertrauen, weil wir das *Vertrauen* eines Menschen besitzen, den wir achten und dem wir alles sagen können, auch das, worauf wir nicht stolz sind, denn wir wissen, daß der andere es mit Verständnis aufnehmen wird.

Vertrauen ist ein fundamentaler Wert im Leben der Menschen. Es ist der Halt, den uns ein anderer bietet, und aus diesem Halt beziehen wir ein Gefühl der Sicherheit. Erst von dieser Grundlage aus sind alle Höhenflüge möglich. Wenn aber unser Vertrauen *mißbraucht* wird, dann sind wir zutiefst verletzt.

Was das Ganze etwas schwierig macht, ist dies: Einerseits baut unsere ganze Gesellschaft — also auch unsere Erziehung — auf Vertrauen auf. Irgendwie ist auch unser ganzes Wirtschaftssystem darauf gegründet: Schecks, Kreditkarten, Warenbestellungen per Bildschirm, Fahrausweise usw.

Auf der anderen Seite erleben wir tagtäglich das Gegenteil davon. Es sind gerade die Erwachsenen, die ja die Verantwortung für unsere Erziehung innehaben, die unser Vertrauen als erste mißbrauchen und ihre Versprechungen nicht halten. Und man hat noch nicht einmal die Möglichkeit, mit ihnen darüber zu reden. Man bemerkt, daß es einen Unterschied gibt zwischen dem, was die Leute sagen und schreiben, und dem, was sie tun. Sie sagen nicht, was sie denken, und sie tun nicht, was sie sagen. Anscheinend finden es alle normal, wenn ein *gegebenes Wort* nichts gilt! Man geht mit Vertrauen ins Leben hinein, und auf einmal stößt man auf ein legalisiertes Betrugssystem. Die Gesellschaft spricht zwar Recht, jedoch verdrehen ihre Institutionen die Gesetze nur allzu oft. Alle wissen das, niemand spricht offen darüber, und so geht es immer weiter.

Es herrscht so etwas wie das Gesetz des Dschungels. Und dennoch braucht man Vertrauen, um unter Menschen leben zu können. Nur Vertrauen ermöglicht Begegnungen, die einem helfen zu leben. Und ihr Jugendlichen seid die Zukunft... Darum ist es so wichtig, wirkliche Freunde zu haben, mit denen man gewisse Vorstellungen von Aufrichtigkeit und Wahrhaftigkeit teilt.

Die *Treue* ist der zweite Stützpfeiler der Freundschaft. Das Vertrauen, das wir dem anderen entgegenbringen, gründet auf dem Gefühl, daß er zu uns halten wird; aber wirklich ermessen können wir das erst in schwierigen Zeiten.

Wenn alles glatt läuft, ist es einfach, treu zu sein. Aber treu sein heißt nicht, blind zu sein und alles am anderen kritiklos zu akzeptieren. Es ist schlimm, wenn man spürt, daß man sich selbst untreu werden muß, wenn man dem Freund die Treue (oder was man dafür hält) halten will.

Manchmal muß man etwas tun, was der andere vielleicht als Verrat ansieht. Das ist hart. Aber wenn man darüber spricht, wenn man erklären kann, weshalb man die Treue zu sich selbst bedroht sieht, dann kann es die Freundschaft sogar bereichern.

Es ist sehr schmerzhaft, von einem Freund verraten zu werden. Aber oft handelt es sich gar nicht um einen Verrat, sondern nur um einen Irrtum unsererseits: Wir haben einen Kameraden für einen Freund gehalten. Wir haben uns in der Art der Beziehung *getäuscht*. Das tut sehr weh, aber gibt es einen anderen Weg, nach und nach verstehen zu lernen, was eine wirkliche Freundschaft ist? Wenn man von einer Freundschaft enttäuscht wurde, gerät man in Versuchung, sich in Bitterkeit einzugraben und an nichts mehr zu glauben, statt sich auf eine neue Freundschaft einzulassen, was schließlich die einzige Möglichkeit ist, sich innerlich am Leben zu erhalten.

Wenn zwei Jungen oder Mädchen, die einander ganz gut kennen, sich in das gleiche Mädchen — oder in den gleichen Jungen — verlieben, dann gibt es meist ein riesiges Hickhack. Handelt es sich dabei aber um Freunde, dann kann es wirklich herzzerreißend, wirklich tragisch werden. Vor allem dann, wenn zu allem Unglück ihre gemeinsame Liebe die Situation auch noch ausspielt. Es gibt nämlich auch einen *Kummer mit der Freundschaft*, und der ist genauso schmerzhaft wie Liebeskummer.

Manchmal verwechselt man Treue mit der Angst vor Neuem. Treue dient dann nur der Wiederholung des immer Gleichen und nicht dem Leben, das ja Bewegung bedeutet — Bewegung, durch die wir Menschen begegnen, die für unser Leben von Bedeutung sind und es beeinflussen.

Starke, intensive Beziehungen suchen wir uns *außerhalb der Familie*, und es ist sehr wichtig, daß wir uns unsere Freunde selbst aussuchen. Oft fällt es uns schwer, mit jemandem eine Freundschaft einzugehen, den wir über unsere Eltern kennenlernen, ganz einfach deshalb, weil der Kontakt über die Eltern zustande gekommen ist.

Erwachsene fürchten die *Anwandlungen von Verrücktheit*, die sie bei Jugendlichen zu sehen meinen, wenn diese sich auf Liebes- oder Freundschaftsbeziehungen einlassen, vor allem dann, wenn diese Beziehungen sich in ihren Augen *außerhalb der Norm* bewegen. Aber wenn man sich selber und seinen Wertvorstellungen wirklich treu bleibt, entpuppen sich solche „Anwandlungen von Verrücktheit" im Laufe der Zeit manchmal durchaus als *Anwandlungen von Klugheit*. Sie haben es einem ermöglicht, seinem Leben eine neue Richtung zu geben.

Diese *Richtungsänderung* hat den Eltern Angst gemacht, weil sie so plötzlich kam, aber sie kann durchaus positiv sein. Manchmal stellt sich auch heraus, daß eine Begegnung sehr gefährlich war. Aber es ist oft schwierig, das gleich zu erkennen. Ein *Risiko* ist also immer dabei, und das einzige, worauf man sich verlassen kann, sind die *eigenen Wertvorstellungen*.

Freundschaft löst oft Eifersucht und Verleumdungen aus, um so mehr, als die Erwachsenen dazu neigen, sich immer gleich vorzustellen, daß Sexualität mit im Spiele sei, auch wenn das gar nicht der Fall ist. Wenn man mit jemand befreundet ist, der/die demselben Geschlecht angehört wie man selbst, hat man manchmal Angst, die anderen könnten glauben, man sei homosexuell.

Es ist ein großes Dilemma, wenn *Eifersucht in der Freundschaft* dazu führt, daß wir den anderen einsperren, damit er bei uns bleibt. Als könnten wir ihn zwingen, eine Beziehung zu uns zu haben, indem wir ihn zwingen, körperlich anwesend zu sein, während er eigentlich woanders sein will. In diesem Fall handelt es sich wieder um die Sehnsucht nach einer Beziehung, wie wir sie zu den Eltern hatten, als wir noch klein waren, um den Wunsch nach ihrer ewigen Liebe.

Dieser Wunsch, einen Menschen zu besitzen, von dem wir völlige Abhängigkeit fordern, hat nichts mehr mit Freundschaft zu tun, sondern mit Unterwerfung.

Man könnte sogar sagen, Ausschließlichkeit ist der Feind der Freundschaft und der Lebensfreude.

Jemanden wirklich zu mögen bedeutet in einer Freundschaft genauso wie in der Liebe, daß man dem anderen seine Freiheit läßt und das Recht, anders zu sein als man selbst. Wenn man Angst hat, ihn zu verlieren, muß man lernen, diese Angst zu überwinden. Das ist nicht immer leicht. Aber gibt es eine andere Lösung?

### Frédérique, siebzehn

Auf Freunde kann man sich verlassen, die helfen dir, wenn du Probleme hast, und du hilfst ihnen auch. Sie wissen, daß du sie magst, deshalb ist ihnen daran gelegen, daß die Beziehung gut bleibt. Es sind die Menschen, denen du dich ohne weiteres anvertrauen kannst. Sehr oft hat man nur einen oder zwei, vielleicht drei Menschen, die man als Freunde oder Vertraute betrachtet.

### Catherine, sechzehn

Für mich heißt Freundschaft, für jemanden dazusein. Bekannte hab ich viele. Ich kann mit ihnen zusammen zwar lachen und mich entspannen, aber ich weiß, daß ich nicht wirklich auf sie zählen kann.

### Lionel, siebzehn

Ich habe zwei, na, vielleicht drei Freunde, und sie bedeuten mir beinahe alles. Ich erlebe in diesen Freundschaften eine leidenschaftliche und beständige Liebe. Daneben gibt es natürlich die vielen Bekannten. Die suche ich mir auch aus, denn mit der Zeit habe ich gelernt, mich nicht auf den ersten Eindruck zu verlassen. Entscheidend für mich ist, daß ich zwischen Freunden und Bekannten unterscheide.

### Béatrice, siebzehn:

Wenn ich mit einem Freund oder einer Freundin zusammen bin, muß ich nicht ständig aufpassen, da weiß ich einfach, daß ich nichts falsch machen kann. Das ist erholsam.

## Emmanuelle, sechzehn

Ich brauche Freundschaft.
Aber Freundschaft kann auch
heimtückisch sein, sehr sogar.
Verrat tut sehr weh. Eine sehr
starke, tiefe Freundschaft
nenne ich „Liebes-Freund-
schaft". Dieses Gefühl kann ich
ebenso für einen Jungen wie
für ein Mädchen empfinden.

## Anne, siebzehn

Ich glaube, im Leben hat man
nur wenige Freunde. Ich habe
ganz wenige (zwei), aber wir
haben stabile und dauerhafte
Beziehungen; sie sind immer
bereit, mir zuzuhören und
mich zu trösten. Nur Freunden
kann man sich anvertrauen, sie
sind unverzichtbare Vertraute
im Leben.

## Lydia, vierzehn

Wenn ich meine beste Freundin nicht hätte, könnte ich nicht leben; wir sagen uns alles, alles, was wir erleben, alles, was uns im Kopf (oder anderswo!) herumgeht: die Jungen, die anderen Mädchen, die Schule… Das Problem ist nur, daß meine besten Freundinnen häufig wechseln.

## Olivier, siebzehn

Meine Freunde suche ich mir sorgfältig aus, und ich schenke ihnen ein manchmal geradezu blindes Vertrauen. Eine tiefe Freundschaft kann sich in Liebe verwandeln, bei mir ist das häufig so: eine tiefe Freundschaft will immer noch tiefer und stärker werden.

# DIE ELTERN,
# DIE ERWACHSENEN UND
# DIE GESELLSCHAFT

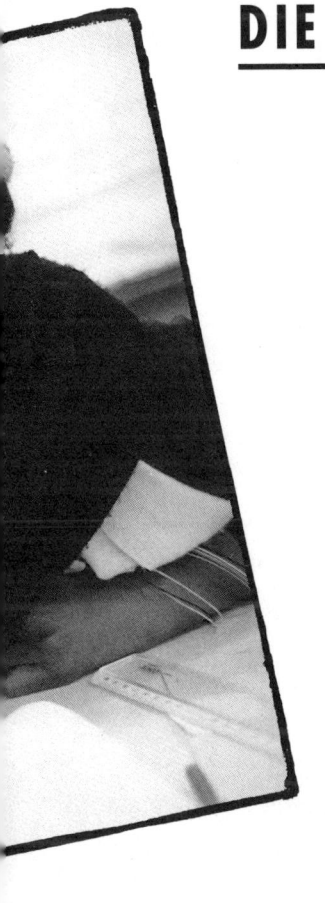

Durch seine Geburt verwandelt ein Kind zwei Erwachsene in Eltern. Man kann also sagen: *Das Kind macht seine Eltern.* Mit allen Mitteln, die ihm zur Verfügung stehen (zuerst durch Bewegung, später, nach seiner Geburt, durch Schreien, Wut, Trotz, durch Erbrechen oder Schlaflosigkeit, usw.), spricht es sie an und fordert ihre Reaktionen heraus, schon vom Augenblick seiner Zeugung an. Es fragt sie: „Wer seid ihr? Was macht ihr miteinander? Warum habt ihr mich gezeugt?" Diese Fragen sind oft störend, weil man sie sich nicht gerne stellt, sie aber unbedingt Antworten verlangen. Kein Elternpaar kann sich ihnen entziehen.

Wenn aus den Kindern Jugendliche werden, wird es besonders schwierig, Vater oder Mutter zu sein. Die Eltern müssen nun akzeptieren, daß sie von den eigenen Kindern aus ihrer Elternrolle gedrängt werden, daß sie sich zurücknehmen, ja, geradezu „aufs Altenteil zurückziehen" müssen und doch zugleich ganz und gar verfügbar sein sollen, sobald die Jugendlichen sie brauchen!

Während ihr jugendlicher „Hummer" seinen neuen Panzer ausschwitzt, ist es am besten, wenn sich die Eltern aus ihrer bisherigen Elternrolle verabschieden.

Auch sie müssen sich jetzt erneuern und davon loskommen, weiterhin Eltern eines kleinen Kindes zu sein. Während ihr Kind neu geboren wird, müssen auch sie neu geboren werden, sie müssen Eltern eines jungen Erwachsenen werden. Das ist nicht immer unbedingt angenehm.

Nicht nur für die Eltern ist es schwierig, sondern auch für die Kinder, weil sie sich schuldig fühlen, ihre Eltern „im Stich gelassen zu haben". Aber sie brauchen sich nicht schuldig zu fühlen, denn Eltern können stolz sein, wenn die Kinder aus ihrer Welt hinaustreten und in ein Leben hineingehen, das sie sich selbst ausgesucht haben.

Von klein an haben Kinder den Wunsch, alles genauso zu machen wie ihre Eltern, denn im gleichgeschlechtlichen Elternteil sehen sie sich selbst — so werden sie sein, wenn sie einmal erwachsen sind. In der Jugend muß man sich von dieser Vorstellung lösen. Und es tut immer weh, wenn man sich von etwas lösen muß.

Wenn man klein ist, ist es lebenswichtig, daß man seine Eltern bewundern kann; das hilft einem, größer zu werden. Man stattet sie mit allen guten Eigenschaften aus, auch mit solchen, die sie gar nicht haben, so daß die Eltern sich einbilden, sie hätten diese Eigenschaften tatsächlich. Wenn ein vierjähriges Kind seine Eltern großartig findet, dann denken die Eltern, sie *seien* großartig. Ein kleines Kind gibt seinen Eltern einen immensen *Vorschuß an Liebe,* und ohne es wirklich zu wissen, zehren die Eltern von diesem Vorschuß, den sie dem kleinen, von ihnen abhängigen Kind verdanken.

Eines Tages werden aus den Kindern Jugendliche, und der Vorschuß droht sich zu erschöpfen, wenn man ihn nicht erneuert. Seine Kinder gut zu erziehen bedeutet, ihnen verständlich zu machen, daß Eltern ihre Kinder ebenso brauchen wie Kinder ihre Eltern.

Alle Welt scheint zu glauben, die Beziehungen zwischen Eltern und Kindern seien von Natur aus bevorzugt und deswegen harmonisch. Das ist aber ein großer Irrtum. Wenn es sich um die eigenen Kinder handelt, dann spielen alle Leute das gleiche Spiel: Ihre Kinder sollen glauben, daß das, was die Eltern tun und sagen, immer richtig und gut ist. Dabei wäre es doch viel einfacher, den Kindern zu sagen, daß auch ihre Eltern sich täuschen können, daß sie nicht besser sind als andere Menschen, daß sie manchmal unter ihren Fehlern leiden und daß es für die Kinder nicht unbedingt immer gut ist, so zu werden wie sie.

Die *Familie*, in der alle zusammen leben, kann zu einem Ort von Konflikten und Konfrontationen werden. Die Eltern halten ihren Kindern vor, daß sie das Elternhaus mit einem Hotel verwechseln. Die Kinder, die woanders oft ordentlicher sind als zuhause, werfen den Eltern vor, sie behandelten sie wie Dienstboten. Und plötzlich werden ein Paar Socken, die irgendwo herumliegen, zu Zeitbomben! Die Kinder lehnen sich auf, die Eltern ärgern sich. Das scheinen beide zu brauchen.

Wenn der häusliche Alltag immer wieder voller Spannungen ist, liegt das daran, daß die Familie für viele Eltern der Ort ist, wo sie ihre *Autorität* unter Beweis stellen können, wenn sie außerhalb der eigenen vier Wände, in ihrem Beruf zum Beispiel, zu viele Probleme haben. Zuhause, in der Familie versuchen sie sich darüber hinwegzutrösten, indem sie mit ihren Kindern machen, was sie draußen nicht tun können. Bei den Kindern ist es nicht anders; außerhalb der Familie sind sie reizend, lieb und anstellig, zuhause sind sie oft rechte Tyrannen.

Manche Eltern hätten es am liebsten, wenn ihre Kinder klein blieben. Denn solange die Kinder klein sind, haben sie selber einen klar umrissenen Status: Sie sind die Eltern. Die Vorstellung, diesen Status zu verlieren oder eines Tages allein zu sein, versetzt sie in Panik, und daher klammern sie sich an ihr Kind. Es ist schrecklich für einen jungen Menschen, wenn er der Mittelpunkt im Gefühlsleben des Elternpaares ist, noch schlimmer ist es dann, wenn er nur einen Elternteil hat.

Wenn man seine Eltern nicht mehr so liebt, wie man sie geliebt hat, als man klein war, haben sie allen Grund, stolz auf einen zu sein; aber man entzieht ihnen auch etwas. Diesen Preis muß man zahlen, wenn man seinen Weg weitergehen will.

Sie nicht mehr so zu lieben, wie man sie geliebt hat, als man klein war, bedeutet zum Beispiel, daß man lernt, ihnen nicht mehr alles anzuvertrauen und sich deswegen nicht schuldig zu fühlen. Es bedeutet, daß man es schafft, ihre Unterstützung zu bekommen, ohne daß sie verlangen, alle unsere Geheimnisse zu kennen. Denn gerade jetzt, im Verlauf der großen Veränderungen, der „Neugeburt", die ja eine neue Verantwortlichkeit mit sich bringt, hat man ihre Unterstützung besonders nötig.

Es ist sehr problematisch und führt oft zu unangenehmen Szenen, wenn man die Eltern zunächst um Rat fragt und ihren Rat dann doch nicht befolgt. Viel leichter wäre es, wenn die Eltern verstehen würden, daß man das Gespräch mit ihnen braucht, auch wenn man ihre Ratschläge nicht befolgt.

Die Eltern nicht mehr so lieben, wie man sie geliebt hat, als man klein war, bedeutet auch, sie mit neuen Augen zu sehen. Manchmal hat dieser Blick etwas „Beizendes". Man idealisiert sie nicht mehr, man verliert seine Illusionen. Zum Erwachsenwerden gehört, daß man entdeckt, daß jeder Mensch gute und schlechte Eigenschaften hat, und das ist nicht leicht. Man entdeckt irgend etwas Wunderbares im Wesen eines Menschen, vielleicht nur einen Funken, und sofort ist man von ihm so begeistert, daß man glaubt, alles an diesem Menschen müsse wundervoll sein. Stößt man dann auf ein Quentchen Gemeinheit bei ihm, so ist man enttäuscht und verzweifelt. Es dauert Jahre, bis man zu akzeptieren bereit ist, daß der Charakter eines Menschen immer aus *Widersprüchen* zusammengesetzt ist.

Mit dem selbstverständlichen Anspruch der Jugend erwartet man *Beständigkeit* im Verhalten der Menschen, mit denen man zusammenlebt, um so mehr vielleicht, da es einem selbst an innerer Beständigkeit fehlt. Aber auch bei den Erwachsenen findet man sie nicht immer. Wie können wir es hinnehmen, daß die eigenen Eltern nicht tun, was sie sagen, und nicht sagen, was sie tun?

Sie fordern unser Vertrauen, zeigen sich dessen aber nicht immer würdig. Zu oft entlocken sie uns unter dem Siegel der *Verschwiegenheit* Geheimnisse, und dann merken wir plötzlich, daß sie unsere Geheimnisse verraten haben. Wir fühlen uns von ihnen betrogen.

Wenn man die Sexualität entdeckt, beginnt man die ehelichen Beziehungen der eigenen Eltern mit neuen Augen zu sehen. Man beginnt sie zu entmystifizieren, und dies um so mehr, als man nicht alles darüber weiß und sie, gemessen am eigenen Absolutheits- und Reinheitsanspruch, besonders streng beurteilt.

Indem die Kinder die eigene Sexualität entdecken, entfernen sie sich von den Eltern. Die Eltern werden dabei sehr auf die Probe gestellt. Viele Väter sind betört von ihrer kleinen Tochter, die nun eine junge Frau wird. Und viele Töchter sind sich nicht im klaren darüber, daß sie nun zu einer jungen Frau geworden sind und daß sie mit ihrem Körper auf Männer — auch auf ihren Vater — herausfordernd wirken. Wenn die Männer in der Familie das nicht selbst merken, muß die Tochter dem Vater oder den Brüdern begreiflich machen, daß es mit den kleinen *Vertraulichkeiten*, die man mit einem kleinen Mädchen hat, nun vorbei ist.

Auch ein Junge, der zu einem jungen Mann wird, fordert seine Mutter und seine Schwestern heraus, ob er sich nun darüber klar ist oder nicht. Er muß sich den Liebkosungen der Mutter entziehen können, die vielleicht gar nicht will, daß er groß wird.

Heutzutage bleiben Frauen lange jung. Wenn aus ihren Kindern Jugendliche werden, haben auch sie noch verführerische Reize. Das kann ein Problem sein. Heranwachsende Töchter sehen sich heute einer Rivalin gegenüber, während sie es früher mit einer alternden Mutter zu tun hatten, die sie ihrerseits ein wenig bemuttern konnten.

Viele Eltern sind eifersüchtig auf ihre heranwachsenden Kinder. Oft verstecken sie diese Eifersucht hinter Vorwürfen bezüglich der Kleidung oder des Make-up. Sie sind eifersüchtig darauf, daß die Kinder nun ihre eigenen Vorstellungen haben, und manche Eltern rivalisieren ausgesprochen mit ihnen.

Wenn wir uns vergegenwärtigen, daß wir von zwei Menschen abstammen, daß wir das Produkt einer Mischung von Zellen darstellen, die zur Hälfte väterlichen und zur Hälfte mütterlichen Ursprungs sind, dann kann uns ganz schwindlig werden. Das Wesentliche ist aber, daß wir begreifen, daß wir nicht geboren und jetzt nicht da wären, wenn es zwischen ihnen und uns kein gegenseitiges Vertrauen gegeben hätte. Wenn man das Vertrauen zu den Eltern verliert, verliert man manchmal auch das Vertrauen zu sich selbst. So weit darf man es nicht kommen lassen. Wenn man Lust hat, etwas zu tun, was man sich nicht traut, wovor man also ein wenig Angst hat, sollte man sich sagen können: „Wenn *ich* jetzt an der Stelle meiner Eltern wäre, dann wäre ich *stolz* auf mich, daß ich den Mut habe, das zu tun. Meine Eltern sind vielleicht nicht stolz auf mich, weil sie einer anderen Zeit angehören. Ich mache das nicht gegen sie, sondern für den Erwachsenen, der ich einmal sein werde."

Man muß Risiken eingehen, aber man sollte es immer mit dem Gedanken tun können, daß man stolz darauf ist, es zu tun. Tut man nämlich etwas nur um zu provozieren, dann tut man es, um Aufsehen zu erregen, nicht aber für sich selbst.

Das gilt auch für die Wahl der schulischen und beruflichen Ausbildung. Man muß den Eltern erklären, daß es zur Selbstverwirklichung auch andere Wege gibt als die ihren. Zum Beispiel kann ein Jugendlicher, dessen Eltern eine sehr langwierige akademische Ausbildung gemacht haben, sein Betätigungsfeld durchaus in einem weniger intellektuellen Bereich finden und dort Erfolg haben, vielleicht sogar in einem rein handwerklichen Beruf. Und wenn ein Jugendlicher, dessen Eltern nicht studiert haben, gerne ein langes Studium machen möchte, sollte er keine Angst davor haben, er könnte damit den Stolz seiner Mutter oder seines Vaters verletzen. Im Gegenteil, seine Eltern könnten in diesem Fall sehr stolz auf ihn sein.

Wenn die Beziehung zu den Eltern zu schwierig ist, kann man sich *symbolische Eltern* suchen, zusätzliche, gewissermaßen „adoptierte" Eltern. Es sind nicht unbedingt unsere leiblichen Eltern, die uns am besten helfen können, eine schwierige Entwicklungsphase zu durchlaufen. Natürlich wird einem die Situation leichter gemacht, wenn die leiblichen Eltern damit einverstanden sind, ohne eifersüchtig zu sein und ohne deshalb die Stellung zu verlassen. Sie ersparen einem damit belastende Schuldgefühle.

Warum gibt es zwischen Jugendlichen und Erwachsenen so viele Probleme? Vielleicht deshalb, weil in jeder Generation die wirklich menschlichen Werte — *Großmütigkeit, Unbedingtheit, Freiheit, Solidarität* — von der Jugend ins Bewußtsein gebracht und vertreten werden. Wenn Jugendliche sich zum Beispiel für eine Idee begeistern, dann treten sie dafür mit einer Großmütigkeit und Einsatzbereitschaft ein, zu der keine andere soziale Gruppe fähig ist.

Jede Generation von Jugendlichen erlebt, daß diese Werte von Institutionen verraten werden, die von den Erwachsenen geschaffen worden sind.

Es ist schmerzlich zu sehen, wie Jugendliche voll überschäumendem Leben sich an Institutionen stoßen, die nur allzuoft den Verrat organisieren und aufrechterhalten. Daß jede neue Generation die Jugendlichen immer wieder auf die gleiche Weise behandelt, kommt das nicht aus einer gewissen eifersüchtigen Bitterkeit seitens der

Erwachsenen, weil die Jugendlichen sie daran erinnern, wie oft sie sich selbst untreu geworden sind?

Zum Glück bleiben viele Erwachsene den Idealen ihrer Jugendzeit treu, doch sie verfügen selten über Macht. Diese Erwachsenen haben sich die Wertvorstellungen, die sie als Jugendliche hatten, bewahrt, auch wenn sie in der Zwischenzeit begriffen haben, daß sich nicht immer alles sofort realisieren läßt, was man sich als junger Mensch wünscht.

Sie sind es, die uns helfen, das Vertrauen in die Menschen nicht zu verlieren.

Wenn ein Jugendlicher sich mit seinen Problemen an einen Erwachsenen wendet, weckt er bei ihm Erinnerungen an seine eigene Jugend. Der Jugendliche, der ihm gegenübersteht, rüttelt den Jugendlichen, der immer noch irgendwo in seinem Innern verborgen ist, schmerzhaft wach.

Diejenigen Erwachsenen, die ihre Ideale verraten haben, machen sich oft lustig über das, was die Jugendlichen sagen, tun und denken. Sie machen geltend, sie, die Erwachsenen, seien im Besitz der wahren Werte, und sie berufen sich dabei auf die Tatsache, daß sie körperlich erwachsen sind. Körperlich erwachsen ist man zwischen 22 und 25 Jahren, wenn das Knochenwachstum abgeschlossen ist. Aber ist man damit auch im Gefühlsleben erwachsen? Manche Menschen, die mit dem gesamten Rüstzeug ausgestattet sind, das einen Erwachsenen ausmacht, sind in Wirklichkeit ganz kleine Kinder. Oft haben sie Macht, doch im Grunde ihres Herzens sind sie kleine Kinder geblieben.

Wirklich erwachsen sein bedeutet, daß man für sich und sein Handeln anderen gegenüber verantwortlich ist. Je mehr man sich der eigenen Widersprüche bewußt ist und sie innerlich annehmen kann, desto erwachsener ist man. Weil die Adoleszenz Angst macht, wird sie in ihrer Kraft nicht anerkannt. Unsere Wünsche machen uns oft Angst, und oft verdeckt die Angst unsere Wünsche. Indem die Gesellschaft unserer *Angst* mehr Beachtung schenkt als unseren *Wünschen*, lockt sie uns in eine Falle, denn sie nimmt uns damit unser Selbstvertrauen.

Was ihre Denkungsart anbelangt, haben die meisten Erwachsenen eine Bremse im Kopf, die von ihrer Angst herrührt. Sie haben Angst vor dem Alter, Angst vor dem Tod; sie haben Angst, sie könnten ihren Arbeitsplatz verlieren oder ihr Auto oder ihre Liebe. Sie haben Angst um diejenigen, die sie lieben. Sie haben Angst, mit einer Situation nicht fertigzuwerden. Sie haben Angst vor dem Unbekannten. Ob sie es wissen oder nicht, fast immer bestimmt die Angst ihre Argumentationsweise.

Und deshalb klammern sie sich an das logische, rationale Denken, das aber bloß einen Teil der Intelligenz ausmacht — vielleicht denjenigen, der einen am ehesten verzweifeln läßt. Intelligenz besteht aber vor allem in der *Fähigkeit zu erfinden*. Und Jugendliche sind erfinderisch.

Die Angst trennt die Jugendlichen von den Erwachsenen. Vielleicht liegt das daran, daß Jugendliche nicht in dem Gefühl leben, eines Tages sterben zu müssen, wohingegen die Erwachsenen in einem Prozeß des Alterns und des Sterbens stehen. Gelegentlich stellen sie sich vor, daß sie eines Tages ohnmächtig und abhängig sein werden. Jeder belächelt die Angst des anderen und verkennt dabei meist die eigene.

Trotzdem kann Angst ihr Gutes haben, das hängt ganz davon ab, wie man mit ihr umgeht. Vielleicht würde man, wenn man niemals Angst hätte, auch nie etwas tun?

Unsere Gesellschaft hält uns lange in kindlicher Abhängigkeit, anstatt die schöpferische Kraft der Jugend zu unterstützen. Früher, als Körperkraft und Wendigkeit noch von größerer Bedeutsamkeit für das tägliche Leben waren, hat man der Jugend einen höheren Wert beigemessen. Nicht die Jugendlichen sind heute anders als früher, sondern die Gesellschaft geht anders mit ihnen um. Zwar werden die Ausbildungszeiten immer länger, aber man trägt nicht Sorge dafür, daß jeder Jugendliche auch wirklich lesen, schreiben und rechnen kann. Es ist erschreckend, daß die Zahl der jugendlichen Analphabeten unter den Wehrdienstpflichtigen seit vierzig Jahren ständig steigt, wo man doch, ohne lesen, schreiben und rechnen zu können, in unserer Gesellschaft völlig handlungsunfähig ist.

Wenn man sich in der Schule blockiert fühlt, wenn man es nicht schafft, sich die notwendigen Grundkenntnisse anzueignen, muß das nicht daran liegen, daß man nicht intelligent oder fähig genug wäre. Aber es ist ein Alarmzeichen. Wer in der Schule Probleme hat, sieht sich der Notwendigkeit gegenüber, über seine Zukunft nachzudenken. Das Problem dabei ist, daß man sich in dieser Situation oft wertlos oder ausgeschlossen fühlt und daß man glaubt, die anderen würden für einen entscheiden.

Eure schulische und berufliche Ausbildung müßt ihr aber unbedingt selbst in die Hand nehmen. Das kann manchmal sehr schwierig sein. Ihr solltet deshalb nicht zögern, die Hilfe von Erwachsenen – Lehrern, Erziehern, Psychotherapeuten – in Anspruch zu nehmen, zu denen ihr Vertrauen habt. Ihre Hilfe besteht darin, daß sie euch dabei unterstützen, euren eigenen Weg zu entdecken und zu beweisen, daß ihr selbst Phantasie genug habt, herauszu-finden, was zu euch paßt.

Viel zu oft bringt die Gesellschaft Jugendliche zur Strecke, indem sie ihnen weismacht, sie seien eine Last, mit der man nichts anzufangen weiß, eine *Gruppe von nichtverant-wortlichen* Mitgliedern der Gesellschaft, die nicht gebraucht wird. Niemals wird seitens der Gesellschaft zum Ausdruck gebracht, wie sehr sie den großmütigen Einsatz und die Kreativität der Jugendlichen braucht.

Vielleicht ist das alles unvermeidlich. Aber es wäre gut, wenn es die Gesellschaft eines Tages fertigbrächte zu sagen: „Ja, so ist es, die Angst regiert alles, aber daß das so ist, heißt noch lange nicht, daß es gut ist."

Unser ganzes Leben lang konfrontieren wir unsere Ideale mit der täglichen Wirklichkeit, mit der Mittelmäßigkeit. Wir begegnen in unserem Leben immer wieder Men-schen, die sich selbst und anderen nicht treu sind, die nicht Wort halten, die Verrat üben.

Tag für Tag geht es darum, daß wir uns neu entscheiden: Soll ich an meinen Werten festhalten oder mache ich es wie alle anderen auch? Das ist eine der Grundfragen im Leben eines jeden Menschen. Man muß den Mut haben, sich immer wieder neu für seine Werte zu entscheiden, selbst wenn man sich dadurch isoliert oder lächerlich fühlt. Denn jedesmal, wenn man das aus Mattigkeit unter-läßt, fügt man sich, ohne daß man sich darüber im klaren wäre, selbst einen Verlust zu, der einen traurig und depres-siv macht. Was die Erwachsenen oft gehässig und böse werden läßt, das ist die Depression, die sie überkommt, wenn sie sich Rechenschaft darüber ablegen, daß sie das Produkt dieser kleinen Preisgaben sind, dieses fortgesetz-ten Verrates an sich selbst.

### Sylvain, fünfzehn

O je, die Erwachsenen! Als erwachsen gilt, wer alt genug ist. Wir haben alle unser Etikett: Kind, Baby, Erwachsene, alte Leute oder von mir aus Senioren. Und in diesem ganzen Saustall sind die Erwachsenen am beliebtesten; ein Erwachsener ist ein denkender, gereifter, hartgesottener Mensch, der sich gewählt ausdrückt und realistische Ansichten hat. Wenn ein Jugendlicher diesen Kriterien entspricht, dann sagt man von ihm: „Er ist schon ganz schön erwachsen für sein Alter!" Würg…
Oft sind die Erwachsenen auch nicht besser als wir, sie sind bloß angepaßter, kaputt von ihrer Umgebung, ihrem Leben, der harten Realität, vom Überlebenskampf, davon, daß sie sich durchsetzen müssen und arbeiten und so…

### Raissa, sechzehn

Manche Erwachsenen kommen mir wie Freunde vor, Leute, zu denen ich Vertrauen haben und die ich um Rat fragen kann. Andere sind distanzierter, sie bleiben in ihrer abgeschlossenen Welt, zu der wir Jugendlichen keinen Zugang haben. Wenn nur die erste Kategorie von Erwachsenen so bleibt wie sie ist, verständnisvoll und bereit zur Kommunikation. Und für die zweite Kategorie wünsche ich mir, daß sie sich in diese Richtung entwickelt, und vor allem möchte ich, daß die Erwachsenen aufhören, ständig über die Krise der Jugend zu sprechen und sich dabei ganz großartig vorkommen, als hätten sie das nicht genauso erlebt. Was ich wirklich hasse, das sind die Erwachsenen, oder genauer gesagt, diejenigen, die sich zwar für erwachsen halten, die aber in ihrem Wesen noch unreif sind und trotzdem so überlegen tun. Warum sind denn die Beziehungen zwischen Erwachsenen und Jugendlichen so schwierig?

### Paule, siebzehn

Sich trauen, das heißt vor allem, daß man zu den Erwachsenen normale und einfache Beziehungen hat. Das heißt, daß man sich traut, den Eltern zu sagen, was man denkt, daß man nicht lügt und ihnen auch mal erzählt, wenn man eine Dummheit gemacht hat, daß man keine Angst vor Repressalien hat, bloß weil man sich und die möglichen Reaktionen der anderen nicht kennt. Es ist so einfach, sich etwas zu trauen! Den Mut haben, ohne Aggressionen, ohne Lügen mit den Lehrern zu sprechen.
Sich trauen? Warum trauen wir uns nicht? Aus Angst? Wovor? Vor allem vor der Macht und vor der Persönlichkeit der anderen. Wenn man sich traut, einander kennenzulernen, sich gegenseitig zu respektieren —

das heißt, daß man sich traut, die Dinge zu verändern. Das ist schwer, es kommt einem irgendwie unmöglich vor. Sich trauen, einander anzusehen, einander zu akzeptieren, sich nicht hinter dem äußeren Schein zu verbergen... Ich trau mich nicht, euch zu sagen, daß ich euch liebe, denn ich hab Angst, daß es mich dann schmerzt, wenn ihr euch verschließt; wenn ich mich trauen würde, euch dieses Gefühl einzugestehen, werdet ihr dann über mich lachen? Ich schätze euch falsch ein? Traut euch, mir gegenüber „echt" zu sein, mogelt euch nicht um alles herum, traut ihr euch doch auch!

## Claire, siebzehneinhalb

Die Träume der Erwachsenen sind erstickt. Ihre Träume werden nicht weniger, sondern mehr, aber das Feuer ist erloschen, sie verwirklichen sie nicht oder nicht mehr. Ihre Sprache macht mir Angst, denn sie sprechen zu oft mit dem Kopf anstatt mit dem Herzen. Und wenn sie ihren Gefühlen dann einmal Luft machen, finden sie oft nicht den richtigen Ton. Und wir Jugendlichen, wir ahmen das nach und sind wütend, daß wir nichts ändern können auf diesem Planeten, der immer mehr verkommt. Viele Erwachsene, die ich sehe, wirken auf mich wie müde gewordene Jugendliche, so

ohne Lebensenergie. Ich sollte nicht verallgemeinern, ich kenne auch welche, die nicht so sind. Aber für die meisten wünsche ich mir, daß sie glücklicher wären und nicht soviel Traurigkeit und Enttäuschung in sich hätten. Ich wünsche mir, daß sie mehr geliebt würden, daß sie glücklicher wären, daß sie nicht immer nur untereinander reden würden über ihre Vorstellungen von Erziehung, ihre Vorurteile, ihre Arbeit, über Kultur, über alles und nichts, einfach nur um zu quatschen.
Ich wünsche mir so sehr, daß sie nicht immer so streng wären, wenn sie uns etwas sagen oder auftragen; daß sie uns helfen, etwas aus der Zukunft zu machen, daß sie nicht bloß dauernd sagen: „Der Jugend gehört die Zukunft" und sich so verhalten, als hätten sie selbst damit nichts zu tun. Ich wünsche mir mehr gegenseitigen Respekt, mehr Liebe — denn „die Zukunft gestalten", das heißt doch, daß wir in unseren Beziehungen damit anfangen müssen. Das ist wie bei dem kleinen Prinzen, der den Fuchs zähmt. Man braucht Zeit, wenn man miteinander sprechen will, und die Erwachsenen haben kaum Zeit. Manchmal habe ich ein bißchen Angst vor den Erwachsenen, sie erinnern mich an den alltäglichen materiellen Kram. Ich bin ihnen gegenüber vorsichtig, weil ich ihr Urteil fürchte. Ich träume von ein-

fachen Gesprächen, ohne Groll und Böswilligkeit, von Gesprächen voller Humor und Zärtlichkeit, wo einer dem anderen zuhört, wo es keine Sperren gibt...

### Olivier, siebzehn

Meine Eltern sind toll. Klar, es gibt Höhen und Tiefen, aber so ist das Leben. Mein Vater hat alles mit eigenen Händen aufgebaut. Früher war er Versicherungskaufmann, dann hat er von einem Tag auf den anderen seinen Beruf aufgegeben und sich ein altes verfallenes Haus gekauft. Das hat er nach und nach wieder in Schuß gebracht. Manchmal ist er streng zu mir, aber das ist gut so. Wenn ich Zeit habe, helfe ich ihm bei der Arbeit. Sein einziger Fehler ist, daß er jähzornig ist und einen ziemlich strengen Charakter hat. Was mir manchmal Angst macht, ist, daß ich den gleichen Charakter bekomme.

### Clarisse, fünfzehneinhalb

Seit ich erwachsen werde, gibt's Probleme zwischen meinen Eltern und mir. Wir haben den Eindruck, daß wir uns nicht mehr verstehen. Meine Eltern wollen das Beste für mich, aber manchmal wissen sie gar nicht, was ich wirklich brauche oder wozu ich wirklich Lust habe. Ich glaube nicht, daß mein Verhältnis zu meinen

Eltern besonders gut ist, vor allem mein Verhältnis zu meiner Mutter, denn mit ihr habe ich oft Streit. Ich glaube nicht, daß sie mich versteht, übrigens erzähle ich ihr nichts von dem, was mich betrifft (Freunde, Bekannte und so). Ich glaube nicht, daß sie mir da helfen oder mich verstehen könnte. Es käme mir nie in den Sinn, zu ihr zu gehen und mit ihr zu sprechen; das habe ich nie getan, und das werde ich auch nie tun.

### Arnaud, siebzehneinhalb

Meine Eltern haben Angst um meine Zukunft. Wahrscheinlich fragen sie sich, ob ich es schaffe, mein Boot selbst zu steuern und meinen Platz im Leben zu finden, das beunruhigt sie. Sie haben Angst, daß das nicht ohne Pannen abgeht. Sie fragen sich, ob ich alle Hürden schaffe. Na ja, das Abitur und der ganze Zirkus, das ist nicht gerade witzig.

### Thierry, siebzehn

Die ganze Zeit wird von der Jugend gesprochen, Jugend hier, Jugend da, aber von allen Seiten werden wir im Stich gelassen. Eines steht fest: Vollkommen ist die Gesellschaft nicht, und ich frage mich, ob sie es jemals sein wird. Aber auf jeden Fall ist sie jugendfeindlich.

### Jacques, fünfzehn

Als meine Eltern noch jung waren, war es ganz sicher leichter, jung zu sein! Jedenfalls nach dem, was sie so erzählen, kommt mir das so vor, aber ich war ja nicht dabei. Der wichtigste Unterschied: die Arbeitslosigkeit. Dieses Problem gab es damals ganz bestimmt nicht, ich hab mich da informiert. Aber heute ist das die Angst der jungen Menschen, das verdirbt uns die Jugend. Und wenn wir selbst manchmal nicht daran denken, dann erinnern uns die Eltern ganz bestimmt daran.

### Elisabeth, siebzehn

Die Jugend ist schwierig, ja schlimmer als das, mit all den Problemen wie zum Beispiel der Arbeitslosigkeit. Man hat ganz schön Probleme, wenn man nicht mehr von den Eltern oder anderen Leuten finanziell abhängig sein will. Wie soll man zuversichtlich sein, wenn man sieht, daß sogar die Erwachsenen damit Probleme haben? Man könnte ausflippen, oder etwa nicht? Dann kriegt man Angst und klammert sich solange es geht an den Rockzipfel der Eltern.

# AUTORITÄT

Das mit der Autorität ist schwierig. Kriegt man zuviel davon ab, ist es unerträglich, kriegt man zuwenig, fühlt man sich ein bißchen vernachlässigt, so als ob die Erwachsenen sich nicht wirklich für einen interessieren würden. Man trifft häufig auf Erwachsene oder Eltern, die sich an ihre Kinder anklammern und sagen: „Er hat kein Verantwortungsgefühl, man darf ihn nicht aus den Augen lassen." Oder aber sie haben ihren Einfluß völlig aufgegeben und sagen: „Wir erreichen ja doch nichts, also ist es besser, wenn wir uns ganz raushalten." Wenn man uns mit einem *Übermaß an Autorität* begegnet, kapseln wir uns ab, wir flüchten in die Phantasie – oder wir *reißen wirklich aus.* Auch wenn man es zunächst nicht glauben will, es lohnt sich schon, der Sache auf den Grund zu gehen, wenn man in Autoritätskonflikten steckt. Und es ist interessant, sich selbst zu fragen, wie man es angestellt hat, daß man da hineingeraten ist.

Man sollte allerdings nie vergessen, daß die Erwachsenen auch Probleme mit der Autorität haben. Niemand kommt darum herum. Wer Autoritätsprobleme hat, reagiert darauf oft so, daß er seinerseits eine *Autoritätskrise* heraufbeschwört. Viele Väter und auch Mütter, die abends recht „geladen" nach Hause kommen und ihre Kinder dementsprechend behandeln – etwa in dem Stil: „Räum dein Zimmer auf", „Halt dich gerade", „Iß deinen Teller leer" –, haben tagsüber selbst unter dem autoritären Verhalten eines jähzornigen Vorgesetzten gelitten, der sich seinerseits vielleicht beim Frühstück von seiner Frau anranzen lassen mußte.

Es gibt aber auch Menschen, die in jeder Situation autoritär auftreten, im Büro genauso wie zu Hause, und manchmal könnte man fast denken, daß es überhaupt nur autoritäre Erwachsene gibt. Manchmal ist autoritäres Verhalten auch eine Frage des Temperaments. Es kann ein Charakterzug sein, den wir von unseren Eltern haben. Und manchmal merkt man gar nicht, daß man selbst sich Eltern, Freunden oder Geschwistern gegenüber auch autoritär verhält, nur weil man sich in seiner Haut nicht wohl fühlt.

Wenn jemand seine Autorität geltend macht, bloß um sich selbst und anderen zu beweisen, daß er die Macht hat, dann nennt man dieses Verhalten autoritär. Aber ein autoritärer Mensch fühlt sich immer ein bißchen *ohnmächtig*, während wirkliche Autorität von Menschen ausgeht, die wissen, daß sie stark sind.

Manchmal merkt man erst im nachhinein, daß man das, was man bei den Eltern als autoritär empfindet, ein bißchen dramatisiert hat. Vielleicht wollte man sich einreden, die Eltern interessierten sich ganz besonders für einen. Aber auch die Eltern selbst dramatisieren die Dinge oft, weil sie materielle Sorgen oder Angst um ihre

Kinder haben. Schließlich sind Arbeitslosigkeit, Drogen, Aids reale Probleme, die Eltern zu Recht beunruhigen.

Ungerecht ist allerdings, daß sich die Dinge meistens so abspielen, als hätten die Erwachsenen immer recht – einfach nur deshalb, weil sie erwachsen sind. Es ist, als gäbe es eine zugleich versteckte und offene Hierarchie, über die jedoch nie gesprochen wird. Dabei bringen gerade die jungen Menschen oft neue und interessante Ideen, die man nicht einfach so abtun kann, bloß weil ihnen etwas Utopisches anhaftet.

Manchmal spürt man, daß man *Autorität braucht*, zum Beispiel Autorität von seiten der Lehrer oder der Erzieher. Aber natürlich macht es Angst, diese Autorität zu fordern, denn damit könnte man sich ja ihrer Herrschsucht ausliefern. Das ist ein Problem. Als wäre es etwas Verwerfliches, Autorität auszuüben, oder entwürdigend, zu gehorchen. Dabei kann es manchmal sogar wohltuend sein, eine *Autorität zu akzeptieren*. Alles hängt davon ab, wer die Autorität ausübt. Manche Erwachsenen respektiert man, weil sie aufgrund ihrer Erfahrung, ihrer Intelligenz, ihres guten Willens und ihres Wohlwollens gegenüber denjenigen, die ihnen anvertraut sind, *glaubwürdig* sind. Solche Erwachsenen üben eine intelligente Autorität aus, und deshalb ist sie annehmbar.

Diese Form der Autorität gibt einem nicht das Gefühl, in die Abhängigkeit eines Kindes im Vorpubertätsalter zurückzufallen. Eher bringt man sich in die Position eines Kindes, wenn man sich einer solchen Autorität systematisch widersetzt, ohne den Gedanken zuzulassen, daß Autorität auch hilfreich sein kann.

Es wäre falsch zu glauben, es gäbe grundsätzlich immer nur zwei Positionen: auf der einen Seite die Starken, die ihre Autorität mißbrauchen, auf der anderen Seite die Schwachen, die sich ihr unterwerfen. Was Autorität ist und wer Autorität hat, ist immer eine Frage des Zeitpunkts und der Situation, man muß sich immer wieder *neu damit auseinandersetzen*.

In einer bestimmten Situation kann der eine das Sagen haben, in anderen Situationen wieder ein anderer. Wer zu einem bestimmten Zeitpunkt einem anderen gehorcht und seine Autorität anerkennt, braucht sich deshalb nicht klein, schwach oder unterlegen zu fühlen.

Damit sich in unserem Verhältnis zur Autorität etwas ändert, müssen die Erwachsenen das Vertrauen in uns wiedergewinnen. Manchmal ist das sehr schwer − man hat sich bemüht und ist sicher, daß man sich geändert hat, aber die Erwachsenen glauben einem nicht. Sie schaffen es nicht, Vertrauen zu haben, und verlangen Beweise. Es braucht Zeit, ihr *Vertrauen zu gewinnen*, und diese Zeit kann einem sehr lang vorkommen.

Wenn es in einem ganz bestimmten Punkt Konflikte gibt − Ausgehen, Verteilung der Hausarbeit, Taschengeld, Familienleben −, dann muß man so lange darüber reden, bis man sich auf einen Kompromiß geeinigt hat. So kann man zum Beispiel mit den Erwachsenen für eine bestimmte Zeit *Verträge auf Ehrenwort* abschließen. Aber stellt euch darauf ein, daß ihr Geduld haben müßt. Bemüht euch, glaubwürdig zu sein. Und bemüht euch, euch so schnell wie möglich aus der Bevormundung der Erwachsenen zu befreien. Wenn ihr unter dem autoritären Verhalten der Erwachsenen leidet, die einfach nichts verstehen wollen, dann vergeßt eines nicht: *Die Gedanken sind frei!*

Handelt nicht allein im Blick auf eure Eltern, indem ihr bestimmte Dinge nur für oder gegen die Eltern tut. Was euch Ehre macht, macht auch euren Eltern Ehre. Manchmal ist man wütend, weil man etwas tut, was ihnen Ehre macht, obwohl man sich damit eigentlich gegen sie stellen wollte. Aber so ist das eben.

Wenn ihr tief in eurem Innern davon überzeugt seid, daß das, was ihr tut, richtig ist und daß ihr, wenn ihr selbst Eltern wärt, stolz wärt auf das Verhalten eures Kindes — dann bleibt dabei, und, nur Geduld, eines Tages begreifen es auch eure Eltern.

Nehmt das Risiko auf euch und wagt etwas! Aber vergeßt nicht, wie verwundbar ihr seid. Es gibt Gefahren, die eure Eltern genauer sehen als ihr. Sie müssen nicht grundsätzlich unrecht haben.

### Valérie, sechzehn

Ich hätte gern, daß meine Eltern öfter da wären, um mit mir zu reden, daß sie mehr Interesse an mir hätten. Statt dessen ist es schon seit Jahren so, daß mein Vater abends nach Hause kommt, Zeitung liest, mit meiner Mutter und mir zu Abend ißt, sich mit meiner Mutter unterhält (wenn er überhaupt mit ihr spricht...), ohne sich auch nur im geringsten um mich zu kümmern. Und sowas nennt man Eltern? Ich nicht. Wenn sie mich wenigstens mal anschnauzen würden.

### Mathieu, sechzehn

Nein, echt, ich versteh nicht, warum Eltern immer rumkommandieren und nie versuchen, uns zu verstehen: Ich würde gern mal was anderes zu hören kriegen als den ganzen Tag immer nur Befehle. Das ist echt hart, wenn man immer nur herumkommandiert wird, als wäre man ein Roboter. Ich finde es schwer, mit Leuten zusammenzuleben, die auf jeden Fall immer recht haben, egal, was ich sage oder tue.

### Jean-François, sechzehn

Ist doch normal, daß man lügt,
wenn man damit jemandem
einen Dienst erweisen kann.
Schlimm ist es, wenn man
damit jemandem Unrecht tut.
Ich bin für Offenheit, das ist
besser, ist auch einfacher. Aber
was das angeht, da verhalten
sich die Erwachsenen wirklich
nicht klar, die lügen doch ständig. Da braucht man sich nur
die Politiker anzuschauen…
Und bei uns ist die kleinste
Lüge ein Riesendrama. Die
Erwachsenen haben eben
zweierlei Maß.

### Véronique, siebzehn

Lehrer sollten Menschen sein,
die Autorität haben, aber auch
Humor.

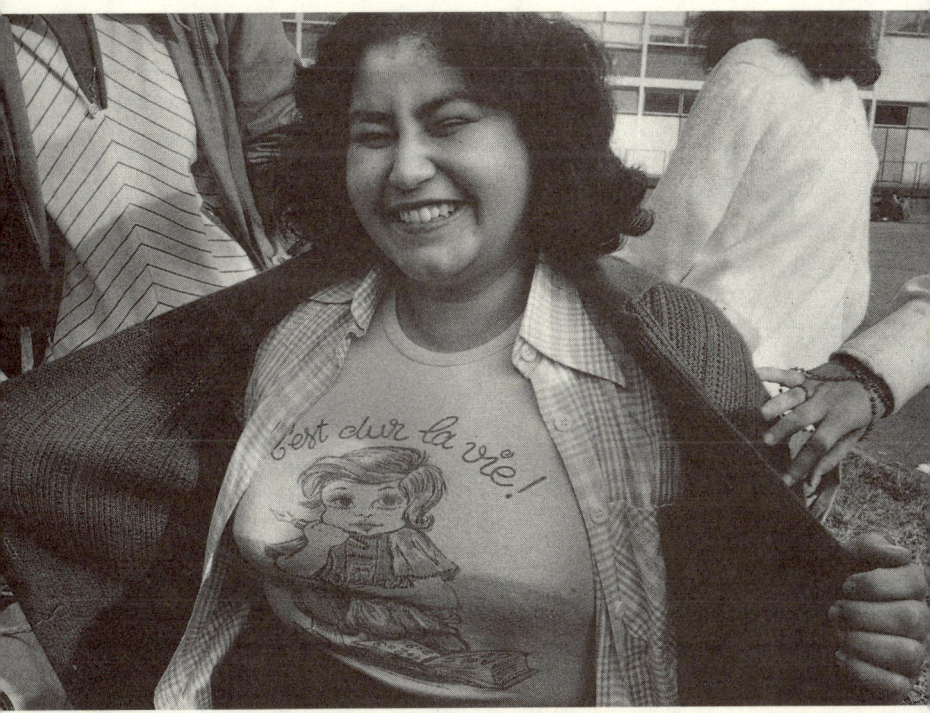

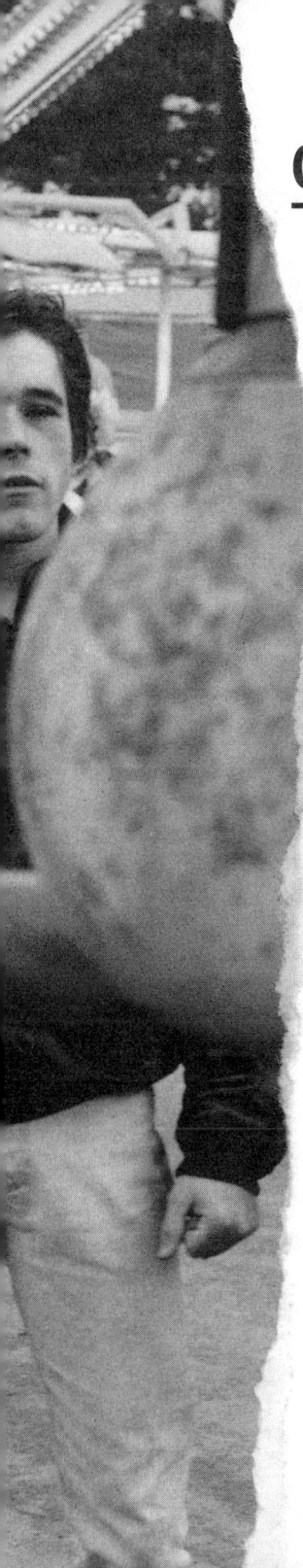

# GEWALT

In allen Familien gibt es Streit und Konflikte. Das ist unvermeidlich, wenn Menschen zusammenleben. Wirkliche Gewalt zwischen Eltern und Kindern aber ist etwas anderes. Mit *Schlägen, Schikanen,* ungerechten Worten und Strafen will man den anderen demütigen, ihn herabwürdigen. Doch Gewalt kann auch unter der Maske größter Sanftmut daherkommen. *Emotionale Erpressung* — wenn man uns zum Beispiel alle möglichen Dinge verbietet mit der Begründung, es sei „nur zu unserem eigenen Besten" oder wir würden damit irgend jemand zuviel Kummer bereiten — und ähnliche Manöver laufen darauf hinaus, daß man, offensichtlich mit der größten Freundlichkeit, unsere Person erstickt. Auch hier handelt es sich um echte Gewalt. Ob es sich um körperliche Mißhandlung oder um emotionale Erpressung handelt, Gewalt ist immer ein Zeichen von Machtlosigkeit.
Ein Erwachsener, der ein Kind schlägt, *demütigt* sich selbst, um so mehr, wenn es sein eigenes Kind ist. Sobald man körperlich oder seelisch dazu in der Lage ist, kann man solche Situationen durchbrechen und dem von sei-

ner Gewalt besessenen Erwachsenen helfen. Man muß ihn zurückhalten, wenn man kann, und ihm sagen, daß man nicht zuläßt, daß er sich noch weiter demütigt, indem er sein eigenes Kind schlägt. Zum Beispiel könnte man sagen: „Nein, du darfst das Kind, das du in die Welt gesetzt hast, nicht schlagen; du selbst bist es, den du da schlägst."

Manche Kinder, die von ihren Eltern geschlagen oder auf andere Weise von ihnen bedroht werden, bleiben völlig *passiv* und konturlos, denn würden sie anfangen zu denken und zu reagieren, dann käme heraus, daß sie nur aus Haß bestehen. Bei manchen Jugendlichen kommt dieser Haß in plötzlichen Ausbrüchen von Gewalt zum Ausdruck. Andere Jugendliche provozieren, ohne sich darüber immer im klaren zu sein, die Gewalt der Erwachsenen, um sich zu vergewissern, daß man sich für sie interessiert. Es kommt auch vor, daß Kinder ihre Eltern schlagen, und auch sie demütigen sich damit selbst. Wenn man spürt, daß die Eltern kein *Vorbild* für das eigene Leben mehr sein können, ist das kein Grund, sie deshalb wie den letzten Dreck zu behandeln. Man sollte statt dessen mit allen Mitteln, die einem die Gesellschaft zur Verfügung stellt, versuchen, sie zu *verlassen*.

Es ist tragisch, wenn ein Kind oder ein Jugendlicher *sexuelle Mißhandlungen* erleidet. Das kann ein ganzes Leben, eine ganze Zukunft zerstören. Es ist etwas sehr Bedrohliches, und es ist richtig, alles zu tun, um sich davor zu schützen. Wenn man spürt, daß man ungewollt die sexuelle Begierde eines Erwachsenen in seiner Umgebung erregt, muß man es unbedingt wagen, mit Erwachsenen, denen man vertraut, darüber zu *sprechen*, vielleicht mit den Eltern, einem Arzt, Lehrern, Erziehern oder Freunden. Manchmal wird man euch nicht glauben. Laßt euch davon auf keinen Fall entmutigen, sondern probiert es immer wieder, bis ihr einen Menschen gefunden habt, der euch Glauben schenkt und euch hilft, von zu Hause wegzugehen und anderswo zu leben.

Falls man diesem Erwachsenen gegenüber vielleicht selbst einmal sexuelles Verlangen empfunden hat, braucht man sich deswegen nicht schuldig zu fühlen; solche Wünsche gehören zum Entwicklungsprozeß eines Kindes. Es ist die Pflicht der Erwachsenen, diese Wünsche nicht auszunutzen. Man muß es *wagen*, über all dies zu *sprechen*, weil einem das hilft, aus der Situation herauszukommen. Wenn es jedoch zu belastend ist, sollte man versuchen, eine *Psychotherapie* zu machen, um über diese schwere Verwundung hinwegzukommen und nicht daran zugrunde zu gehen.

Für diejenigen Kinder, die der öffentlichen Fürsorge unterstehen und in Heimen oder anderen *Institutionen* leben, ist es noch schwieriger, mit der Gewalt zurechtzukommen. Viele dieser Institutionen sind Orte eines *falschen Lebens*, wo Kinder, die zu Objekten geworden sind, lediglich aufbewahrt werden, damit die Erwachsenen, die in diesen Einrichtungen arbeiten, ihren Lebensunterhalt verdienen können. Dort sind die Kinder gezwungen, auf Dauer in einem Zustand zu leben, in dem sie selbst keinerlei Verantwortung haben, ihr Verhältnis zur Welt ist dementsprechend verzerrt. Es ist deshalb nicht verwunderlich, wenn sie ihre Beziehungen zu anderen Menschen nur durch Gewalt ausdrücken können.

Wenn man einer *Clique* angehört, fühlt man sich stark, und dann reizt es einen manchmal, sich über die Spielregeln des sozialen Lebens hinwegzusetzen. Dies kann zur *Kriminalität* führen. Da wir alle ein existentielles Bedürfnis haben, in einer Gruppe dazuzugehören, muß man sehr stark sein, um sich dem Druck der Clique zu widersetzen.

Manche kleinen Bandenchefs machen gewaltsam von ihrer Macht Gebrauch, um einen in zweifelhafte Geschichten hineinzuziehen, als handle es sich dabei um Heldentaten. Es ist aber viel mutiger, wenn man sich ihnen widersetzt, seinen kritischen Verstand bewahrt und sich traut, nicht immer das zu tun, was die anderen tun. Und wenn es gar nicht anders geht, auch aus *der Bande auszutreten*. Diejenigen, die sich darüber lustig machen, haben den Mut, den man dazu braucht, zweifellos nicht.

Die Angst vor körperlicher Gewalt macht einen oft feige, und das ist sehr verständlich. Mit dieser Angst spielen die Großen, die von den Kleinen am Schultor ein Wegegeld erpressen, aber auch die, die sich zu mehreren zusammentun, um einen einzelnen zu überfallen.

Es ist sehr wichtig, daß man sich traut, sofort mit Erwachsenen darüber zu sprechen, wenn so etwas passiert. Wenn euch die Erwachsenen nicht ernst nehmen, dann gebt nicht auf, bis ihr jemanden gefunden habt, der euch helfen kann.

Ihr müßt auch wissen, daß diejenigen, die euch bedrohen, nicht immer so stark sind, wie sie sich geben. Das wird euch klar, sobald ihr mit Erwachsenen darüber sprecht.

Selbstmord ist auch eine Form der Gewalt, Gewalt gegen sich selbst. Der Gedanke an Selbstmord ist wie eine Antwort auf Gewalt, die man erlitten hat und von der man sich hat besiegen lassen. Selbstmord ist auch eine indirekte Art, seiner Umgebung Gewalt anzutun, indem man selbst mit dem Leben bezahlt. Ein großes Verlangen zu sterben ist zugleich ein großes Verlangen, ein anderes Leben zu leben als das, welches man gerade lebt. Man glaubt, man möchte sterben, dabei möchte man doch eigentlich, daß ein anderes Leben beginnt.

Manchmal spürt man in einer Beziehung den Wunsch nach Gewalt in sich aufsteigen, und man versteht es nicht. Das kann einem Angst machen und Schuldgefühle verursachen. Am besten versucht man dann herauszufinden, woher diese Gewalt kommt. Ihr Ursprung liegt oft darin, daß wir vom anderen tatsächlich bedroht werden – manchmal ohne daß wir uns darüber im klaren sind – oder daß wir glauben, er habe uns bedroht, obwohl es gar nicht so war.

Über die *Sprache*, über die *Kreativität* in den unterschiedlichsten Formen und über das *Miteinandersein* können wir uns ein Ventil schaffen für Gewalt und Schmerz. Statt unter ihnen zu leiden, drücken wir die Gefühle aus, wir spielen sie, inszenieren sie in einem Theaterstück oder in Musik. Wir treiben die Gefühle, die mit Gewalt einhergehen, aus, indem wir sie mit anderen teilen. Die Jugendlichen von heute erfahren durch die Gesellschaft viel Gewalt, zweifellos gibt es deshalb so viele Hardrock-Gruppen, die mit ihrer Musik eine Antwort auf die allgegenwärtige Gewalt finden

Es ist ein großes Dilemma, daß viele Jugendliche immer mehr dazu neigen, ihre Kultur alleine zu konsumieren, mit ihrem Walkman, ihrem Fernseher, ihren Comics. Und wenn sie sich treffen, dann auch nur, um passiv zu konsumieren. Wenn es aber über das, was man gesehen oder gehört hat, kein Gespräch gibt, dann lohnt es sich doch gar nicht, daß man sich trifft.

Deshalb sollte man mit allen Mitteln versuchen, eine Gruppe zu finden, in der man seine Gedanken austauschen kann, ohne dabei seine Kritikfähigkeit zu verlieren, und in der man zusammen etwas auf die Beine stellt.

Manchmal werden solche Gruppen von der Gemeinde oder von den Kirchen organisiert. Man sollte sich nicht damit aufhalten, welches Etikett eine Gruppe hat, oder sich systematisch den Überzeugungen der Eltern anpassen bzw. dagegen opponieren. Was zählt, ist das Ergebnis: Wichtig ist, daß man sich in der Gruppe wohl fühlt und aus freien Stücken hingeht und nicht etwa, weil man sich dazu aus irgendeinem Grund verpflichtet fühlt.

Wenn man keine Gruppe findet, muß man selbst eine gründen. Man findet immer einen oder mehrere Erwachsene, die einem dabei helfen. Aber man muß sie zuerst einmal darauf ansprechen, sonst passiert gar nichts. Um einem Erwachsenen Lust zu machen, daß er einem hilft, genügt es oft schon, daß man eine Idee hat und darüber spricht. Manchmal wirkt das Wunder, man muß es nur wagen.

### Myriam, vierzehneinhalb

Mama, das tut mir weh, hör auf, mir weh zu tun, Mama. Warum gab es gestern wieder so eine „Krise"? Warum kannst du mir nicht zuhören? Warum muß ich mich vor dir in Sicherheit bringen? Warum sagst du, daß ich dich zwinge, mich zu schlagen?

Ich bin fast fünfzehn, das ist doch schon ganz schön groß, oder nicht? Vor allem, wenn man solche Dinge durchgemacht hat wie ich: Untergebracht werden, immer wieder woanders, in Pflegefamilien, die nicht immer gerade freundlich waren, dann die Sozialarbeiterinnen, die nicht immer gerade sehr sozial waren, wieder eine andere Schule, andere Erzieher und immer so weiter. Mama, mir tut alles weh, ich habe so viel geweint, ich kann nicht mehr weinen. Ich will lieber sterben, vielleicht, ich weiß ja nicht, aber vielleicht komme ich dann wieder zu Papa. Es ist doch nicht meine Schuld, daß Papa tot ist. Ich hab nichts verlangt, nichts gewollt. Bin ich daran schuld? Ich kann doch nichts dafür, daß ich die gleichen Augen habe wie er.

Mama, versteh mich doch, hör mir doch zu... ich weiß schon, da ist nichts zu machen.

Ich versuche, mit dir zu sprechen, aber ich sehe es an deinem Gesicht, du bist gegen mich; ich weiß es, ich seh es in deinen Augen, an deinem hochgezogenen Mund, ich seh es daran, wie du ganz leicht mit den Achseln zuckst und dich mit dem ganzen Körper von mir abwendest. Ich weiß schon jetzt, daß du mir nicht zuhören wirst, ich habe schon von vornherein verloren. Für dich bin ich nur verdorben, eine Schlampe, die nichts kann, als ihrer Mutter Kummer machen.

Was kann ich tun, damit du mich siehst?

Dann übertreibe ich natürlich immer, ich schreie, brülle, beschimpfe dich und spiele verrückt, damit du mich siehst, damit du mich eines Blickes würdigst und mich am Ende wieder verprügelst, denn dann interessierst du dich wenigstens für mich. Manchmal habe ich Angst, daß du mich umbringst, und manchmal wünsche ich mir, du würdest es tun.

### Jérôme, siebzehn

Im Leben ist manches schwierig, es gibt Probleme in der Familie, und dann noch das Klima in unserem Viertel. Ich habe auch schon mit der Polizei zu tun gehabt, ich kenne da so einiges, zum Beispiel die Straßenschlachten, früher war ich da oft dabei. Das hat sich dann bei mir mit Kriminalität vermischt. Ich weiß nicht mal, wie ich es angestellt habe, daß ich kriminell geworden bin. Man findet eine Jugendgruppe, Kumpel aus dem Viertel oder auch andere, die von woanders her kommen, und dann läuft man halt einfach mit.

### Cécile, sechzehneinhalb

Ich glaube, die Adoleszenz ist ein Problem für die Eltern, denn wenn sie sehen, wie wir erwachsen werden, dann spüren sie, daß sie alt werden. Es fällt ihnen schwer, diese Realität zu akzeptieren. Das Problem ist, daß sie uns immer noch wie Kinder behandeln, auch wenn wir längst keine Kinder mehr sind. Das führt zu Konflikten.

## César, siebzehn

Ich interessiere mich für Affen, weil ich bei denen ganz ruhig bin und mit ihnen spreche. Ich spreche eigentlich gern, aber an manchen Tagen bin ich aggressiv, schlecht gelaunt, da wird mir alles zuviel. Ich hab dann so genug von den anderen, daß ich richtig böse werde, daß ich jeden anfahre und niemanden ertrage.

Also, ich mag Affen, weil Affen für mich Stärke und Gewalttätigkeit bedeuten. Ich könnte auch Raubkatzen mögen, aber die sind mir zu katzenartig, die sind nicht brutal genug. Wenn ein Schimpanse sich bewegt und mich so anschaut... alles voller Falten und so ein vorstehender Kiefer, das sieht stark aus, richtig gewaltig: er ist kleiner als ich, höchstens 1,50 m, und er kann bis zu 90 kg wiegen. Der ist praktisch so stark wie ein Gorilla.

Und dann ist er auch schön. Mann, o Mann. Auch wenn zwei Hunde miteinander kämpfen, wenn sie die Zähne fletschen, mit gesträubtem Fell und feurigen Augen... ich bin nicht sadistisch, aber da schaue ich gern zu.

Ich wäre gern wie sie, wie die Affen, dann müßte ich nicht denken, nicht nachdenken, nicht immer alles in Frage stellen.

Als ich klein war, war ich in einem Behindertenzentrum, da war es toll. Das war ein schönes Leben, wie im Paradies. Aber als ich dann in die normale Schule kam, in die Grundschule, da waren die Kinder immer grausam zu mir, und ich hab oft geheult.

Alle Kinder heulen. Wenn man klein ist, heult man natürlich aus dem kleinsten Anlaß. Aber ich hab wirklich Grund gehabt zu heulen.

Deshalb laß ich mich von den anderen auch nicht anfassen. Ich mag sie nicht besonders.

## Stéphanie, vierzehn

Mein Kopf ist eine Feuerkugel, ich finde die Gesellschaft ziemlich zum Kotzen. Das ist alles zum Wegschmeißen... Man müßte alles, alles von vorn anfangen, die Leute sind verloren. Wir, die Jugendlichen! Ich glaube, hinter unserer Angeberei, hinter der Aggressivität, der Verweigerung, der Provokation und der Ablehnung von allem steckt ein irrsinniges Unbehagen, eine Lust, zu leben, zu schreien, zu singen, zu lachen, Lust auf Leidenschaft. Aber alles erstickt. Ich will damit sagen, daß das Leben für mich und für die anderen zur Zeit nicht gerade toll ist.

Ich hätte gern ein leidenschaftliches Leben, Lachen und Weinen, starke Gefühle, kein Blabla, keine Gewohnheiten, morgens um halb sieben aufstehen, Bus, Schule, Bus, nach Hause kommen, schlafen! Ich möchte geben, lieben, etwas erreichen können, aber es ist so schwer, ich mache nur Dummheiten. Ich versuche, mich innen drin zu ändern, aber ich lehne mich nur gegen die anderen auf.

### Dorothée, siebzehn

Zukunft ist ein Wort, das mich noch nicht so beschäftigt. Trotzdem, die Angst, ich könnte einmal ohne Beruf dastehen oder jemand, der mir nahesteht, könnte sterben, läßt mich schaudern. Ich hab auch Schiß, daß ein dritter Weltkrieg ausbrechen könnte (der uns alle für immer vernichten würde). Und ich hab Angst, daß es nicht mehr genug Nahrungsmittel auf der Erde gibt.

### Karine, siebzehn

Die Adoleszenz ist wie ein Abgrund. Mit wem kann ich sprechen, wo finde ich das Buch, das mir erklären könnte, was Pubertät ist, was Freiheit, was Gewalt, was Ausdruck? Ein Buch, das Gründe nennen könnte, warum man überhaupt leben sollte — oder auch nicht? Wie sollen wir uns verständlich machen, wie können wir die Mauern, die um uns herum sind, überwinden? Natürlich versuchen manche Jugendliche sich auszudrücken, aber alles können sie doch nicht sagen. Wie hart die Wahrheit manchmal sein kann!

Jeder Mensch hat doch das Recht zu leben und sich auszudrücken. Also auch wir, man soll uns die Wahrheit nicht länger vorenthalten, und man soll uns offen sagen lassen, was wir denken, über Liebe, Politik, die Beziehungen zwischen den Menschen und über die Schule... Ich bin siebzehn Jahre alt und ersticke.

### Sylvie, siebzehn

Auch wenn die Gesellschaft völlig verdorben und gewalttätig und so weiter erscheint, wir sind doch daran gewöhnt und leben mitten in der Gesellschaft ohne jede Angst.
Und doch betrachten die Erwachsenen uns immer noch als Kinder, als seien wir unfähig, Verantwortung zu übernehmen. Und deshalb haben sie überhaupt kein Vertrauen zu uns, wir hingegen sollen ihnen völlig vertrauen; dabei sind sie Rassisten und Lügner. Außerdem sprechen sie ständig vom Krieg, von Atomkriegen und so weiter. Aber wir wollen nicht den Tod im Kopf haben, wir wollen leben...

## Thierry, sechzehneinhalb

Bei mir kommt es ganz darauf an, es gibt Tage, da werde ich nicht wütend, auch wenn da so ein Scheißkerl ist, aber an manchen Tagen genügt ein falsches Wort, und ich dreh durch. Ab und zu bin ich innerlich so voller Wut, daß ich nichts mehr sage und auf der Stelle weggehe. Und zuhause bricht es dann aus mir heraus, dann werfe ich mich auf mein Bett und heule: „Was ist denn da passiert, was hab ich denn gemacht?"

# STEHLEN

**W**enn von Jugendlichen die Rede ist, kommt man häufig auf das Thema Kriminalität zu sprechen. Jemand, der straffällig wird, schafft es nicht, nach den Moralvorschriften und Gesetzen zu leben, die Diebstahl und aggressive Handlungen gegen andere verbieten.

**A**ber warum gibt es Jugendliche, denen dies nicht gelingt, die immer wieder stehlen müssen?

**I**n der Adoleszenz erfährt man viel Neues. Die Freunde, die *Clique*, die Gruppe werden mit einem Mal sehr wichtig. Wenn man aber zusammen ausgehen und etwas Interessantes unternehmen will, braucht man leider *Geld*. Wenn man mit der Mode gehen und sich schön fühlen will, braucht man auch Geld. Ihr werdet es vielleicht nicht glauben, aber es ist so — die neuen Erfahrungen, die die Jungen jetzt machen, sind häufig von der Art, daß sich alles um den Geldbeutel dreht. Da ist es nicht verwunderlich, daß sie versuchen, an Geld heranzukommen...

**I**n der Adoleszenz bohren ständig materielle Wünsche und Bedürfnisse in einem, und das ist nicht leicht auszuhalten in einer Gesellschaft, die zum

Konsum verführt, indem sie ständig ihre ganzen Reichtümer vor einem ausbreitet, während die meisten von euch noch nie über ein eigenes Budget, und sei es auch noch so klein, verfügen konnten. Unter solchen Umständen ist es wahrhaftig nicht leicht zu widerstehen.

Es ist um so schwieriger, weil das alles zu einem Zeitpunkt geschieht, wo man anfängt zu begreifen, wie unsere Gesellschaft funktioniert, und oft genug verliert man dabei seine Illusionen über die „Großen" ganz und gar.

Wenn man lügt oder stiehlt, bringt man damit immer etwas zum Ausdruck: daß man nicht glücklich ist, daß man sich unverstanden fühlt, daß man mehr Taschengeld haben möchte, daß man anders leben möchte, ein Gefühl von Ungerechtigkeit empfindet. Wird man beim Stehlen oder Lügen ertappt, dann wird man gerechterweise bestraft. Bedauerlich ist, daß meistens gar nicht darüber gesprochen wird, was durch diesen Diebstahl oder diese Lüge „aufs Tapet gebracht" wurde. Tatsächlich sind Stehlen und Lügen Mittel, um zum Ausdruck zu bringen, daß etwas nicht in Ordnung ist. Wird darüber nicht gesprochen, so tut man es immer wieder. Das ist schmerzlich und verwirrend. Es ist also manchmal die Enttäuschung, die dazu führt, daß Jugendliche kriminell werden.

Bisweilen stiehlt man auch, weil man es mit dem Erwachsenwerden zu *eilig* hat. Man möchte bereits irgendwo angelangt sein, ohne wirklich zu wissen wo, auf jeden Fall möchte man „woanders" sein. Man wird ungeduldig und verkleidet sich als Erwachsener. Man stiehlt und hamstert sich so etwas wie eine „Erwachsenenausrüstung" zusammen oder, anders ausgedrückt, man eignet sich auf widerrechtliche Art und Weise Dinge an, die Geld kosten und einem ein Gefühl von Freiheit vermitteln.

Was man wirklich sucht, ist ein Gefühl von Freiheit oder von innerem Reichtum, und plötzlich ist man dabei zu stehlen, Geld oder Sachen, nur weil man nicht wirklich verstanden hat, wonach man eigentlich suchte. Das Dilemma ist, daß man oft von Erwachsenen umgeben ist, die sich einbilden, sie könnten ihr Gefühl der inneren Leere durch den Besitz von Dingen ausgleichen. Anstelle von Worten gebrauchen sie Dinge.

Es ist oft schwer, all den Verlockungen zu widerstehen, in einer Gesellschaft, in der man, um materiellen Erfolg zu haben und viel Geld zu verdienen, entweder ein glänzendes Studium absolvieren oder ein erfolgreicher Sportler oder Showstar werden muß. Aber nicht jeder von uns ist für das eine oder andere begabt, und wir leben leider in einer Gesellschaft, die uns einerseits den Mythos vom materiellen Glück vorgaukelt und andererseits die Angst vor der Arbeitslosigkeit nährt.

Um sich der Illusion hingeben zu können, man wäre jemand, der „es geschafft hat", verstößt man gegen das Gesetz und läuft so Gefahr, dieses Ziel niemals zu erreichen. Man wäre besser dran, wenn man akzeptieren würde, daß man erst am Anfang des Lebens steht, daß man noch erwachsen werden muß und nicht so tun kann, als wäre man schon da. *Geduld* müßte man haben.

Erwachsenwerden, das heißt, nach und nach in immer stärkerem Maße die Verantwortung für das eigene Handeln zu übernehmen. Es ist ein wirklicher Glücksfall, wenn ein Jugendlicher, der gestohlen hat, auf Erwachsene trifft, die in der Lage sind, ihn nicht nur zu bestrafen, sondern ihm helfen, die Bedeutung seines Handelns zu verstehen, ohne ihm Schuldgefühle zu machen. Wenn man gestohlen hat, *fühlt man sich* zwangsläufig *schuldig*, und diese Schuldgefühle muß man möglicherweise teuer bezahlen. Aber wenn man selbst verstanden hat, warum man so gehandelt hat, und wenn man das *Glück* hat, einen Erwachsenen zu finden, mit dem man sprechen kann und der versteht, was man durch diesen Diebstahl zum Ausdruck bringen wollte, dann fängt man an, selbst Verantwortung zu übernehmen und erwachsen zu werden. Sich verantwortlich zu fühlen, das ist das einzige, was einem wirklich hilft, nicht immer wieder mit Stehlen anzufangen.

Man hört oft Sprüche wie „Wenn's nur keiner gesehen hat", so als wäre ein Diebstahl nur dann etwas Schlimmes, wenn man dabei von einem Vertreter des Gesetzes erwischt wird. Das ist falsch. Es ist ein Jammer, wenn ein Jugendlicher stiehlt, ohne dabei gesehen oder erwischt zu werden, denn dann wird er nicht auf frischer Tat ertappt, weder von den anderen noch von sich selbst. Er handelt dann wie ein Tier, wie ein Hund zum Beispiel, der etwas stibitzt und der sich sein Futter holt, ohne etwas dabei zu denken. Ein Jugendlicher, dem es so ergeht, hat keine Chance, sich selbst zu sagen oder sich von anderen sagen zu lassen: „Was du da getan hast, ist deiner nicht würdig." Der Mensch kann, was er tun, geben oder nehmen möchte, immer in Worte fassen. Eine Gruppe von Menschen unterscheidet sich von einer Herde von Tieren dadurch, daß die Menschen sich Gesetze geben, daß sie sie schriftlich niederlegen und (meistens) befolgen und daß, wenn jemand dagegen verstößt, darüber verhandelt und eine Strafe festgesetzt wird.

Wenn über Stehlen gesprochen wird, benutzt man häufig Wörter, die den Sachverhalt verniedlichen, man sagt zum Beispiel: leihen, klauen, mopsen, mitgehen lassen, verschwinden lassen. Man geht dabei in eine Falle, denn man bedient sich da der Sprache von Kleinkindern, so als wolle man sich damit aus der Verantwortung ziehen, während man doch genau weiß, daß es sich tatsächlich um Diebstahl handelt. Manche hatten das Pech, daß ihre Eltern sich schon von klein auf zu Komplizen dessen gemacht haben, was sie als kleine „Stibitzereien" ihrer Kinder bezeichnen, während es sich dabei tatsächlich schon immer um kleine Diebstähle handelte. Aber um erwachsen zu werden, muß man lernen, die Dinge beim Namen zu nennen. Es gibt auch Leute, die einen Diebstahl als einen Akt besonderer Kühnheit hinstellen, dabei handelt es sich doch viel eher um einen ziemlich blödsinnigen Akt der Verantwortungslosigkeit.

Ein Diebstahl, auch wenn es sich nur um eine Kleinigkeit handelt, ist immer etwas, das man ernst nehmen muß. Aber es ist nicht nötig, dergleichen zu dramatisieren. Man muß *Schluß damit machen*. Es gibt viele andere Möglichkeiten, sich in der Gesellschaft Geltung zu verschaffen, als dadurch, daß man kriminell wird. Die soziale Ungerechtigkeit, die einem allenthalben begegnet, kann einen schon zur Kriminalität verleiten. Es ist jedoch viel klüger und auch mutiger, sich möglichst viel Wissen anzueignen, um eines Tages eine Position zu erreichen, in der man vielleicht selbst die Möglichkeit hat, ungerechte Gesetze zu ändern. Die Chancenungleichheit unter den Menschen ist eine Realität. Diese Ungleichheit ist ungerecht, aber Diebstahl ist keine intelligente Art, Gleichheit zu schaffen.

### Jérôme, siebzehn

Nein, solche Geschichten, das bringt's nicht. So wie beim letzten Mal, als ich geschnappt wurde, da hat der Bulle zu mir gesagt: „Du hast es schon hundert mal gemacht, neunundneunzig für dich und einmal für mich." Da kommt man ins Grübeln und fängt schon mal an, über die ganze Sache nachzudenken. Das heißt, ich hab's immer wieder geschafft, Mist zu bauen, und beim hundertsten Mal bin ich reingefallen. Kriminalität bringt jedenfalls nichts. Links und rechts was

mitgehen lassen, wozu? Die Knete ist sowieso immer wieder gleich weg.

Ich bin seit zwei Jahren ziemlich viel alleine, ich steh ein bißchen am Rand, weil, seitdem ich nicht mehr kriminell bin, bin ich auch nicht mehr mit den Typen aus meiner Gegend zusammen, ich geh ihnen aus dem Weg. Die meisten klauen oder nehmen Drogen oder sowas. Seit ich da nicht mehr mitmache, treibe ich mich halt alleine rum. Und da fällt mir immer was ein, das bringt mich zum Nachdenken, das Alleinsein.

# DROGEN

Drogen sind eine der großen Gefahren unserer Zeit, nicht nur, weil sie genauso tödlich sein können wie Motorrad- oder Mopedunfälle, sondern weil sie auf heimtückische Weise Leben *zugrunde richten*, das erst noch im Werden ist. Wenn man nach einigen Jahren davon loskommt, ist es sehr oft zu spät, um in der Gesellschaft noch Fuß zu fassen.

Es gibt mehrere Arten von Drogen. Man spricht gewöhnlich von harten und weichen Drogen. Genausogut könnte man aber auch von erlaubten und unerlaubten Drogen sprechen.

Erlaubte Drogen sind der Tabak, Alkohol und Medikamente, die der Arzt verschreibt, unerlaubt sind die „harten" Drogen wie Heroin, Kokain und Crack (bei uns noch nicht sehr verbreitet) und die „weichen" wie Marihuana und Haschisch. Entsprechend könnte man aber auch sagen, die erlaubte Droge Alkohol sei eine „harte" Droge und die ebenfalls erlaubte Droge Tabak eine „weiche".

Was haben alle diese Drogen gemeinsam? Zunächst einmal, daß sie eine mehr oder weniger starke Abhängigkeit zur Folge haben. Bei harten Drogen entsteht eine sehr starke körperliche Abhängigkeit. Fehlt die Droge, so zeigt der Körper Entzugserscheinungen, und dieser Entzug ist so schmerzhaft, daß man zu allem bereit ist, um dem Mangel abzuhelfen. Manche stehlen, andere gehen sogar so weit, daß sie dafür töten. In diesem Zustand halten keine freundschaftlichen oder familiären Bindungen mehr. Man braucht Geld, um sich die Droge zu kaufen, und man nimmt es sich, wo man es bekommen kann. Wenn es sein muß, ist man auch bereit, jemanden dafür zu überfallen. Das ist das Tragische am Drogenkonsum: Die Droge macht dich zu einem Wesen, das keine wirklichen Bindungen mehr hat, außer der Bindung an seine Droge. *Ein solches Leben ist nicht menschenwürdig.* Bei weichen Drogen gerät man weniger in eine körperliche als in eine psychische Abhängigkeit. Man könnte auch von einer machtvollen Gewohnheit sprechen, von der man sich nur schwer befreien kann. Aber ist eine Gewohnheit nicht auch eine Art Droge?

Es gibt noch etwas, das alle Drogen gemeinsam haben. Ob man Drogen schluckt, injiziert oder raucht — immer versucht man, damit eine *innere Leere* auszugleichen. Sie sollen Worte und Gespräche ersetzen oder eine schöpferische Kraft, die man zwar in sich spürt, aber nicht produktiv umsetzen kann. Man leidet unter Isolation, und die Droge führt in eine Sackgasse, weil sie einen noch mehr isoliert.

Manchmal spricht man im Zusammenhang mit Drogen von „fixen". Man will damit sagen, daß man sich Drogen spritzt. Und es ist wahr, daß man, wenn man sich ganz verloren fühlt, einen Fixpunkt sucht, an dem man sich festmachen kann. Doch man gerät in die Klemme, wenn man diesen Punkt in der Droge sucht.

Vielleicht nehmen manche Jugendlichen deshalb Drogen, weil sie im Alter von sieben oder acht Jahren die Kurve nicht gekriegt haben, als sie hätten anfangen müssen, im Verhältnis zu ihren Eltern unabhängiger zu werden.

Sie haben jetzt jede wirkliche Beziehung zu den Eltern verloren und befinden sich in der Gesellschaft von Freunden, die nun anstelle der Eltern Einfluß auf sie ausüben. Diese Art von Freunden verleiten einen oft dazu, Drogen zu nehmen. Man ist also plötzlich doppelt abhängig: von seinen Freunden und von der Droge. Abhängigkeit aber, ganz egal wovon, ist immer verhängnisvoll.

Manchmal wird man dazu verleitet, Drogen zu nehmen, weil man sich für das, was man tut, im Grunde nicht interessiert. Sich zu langweilen ist immer schlimm. Man muß auf jeden Fall den Mut haben, mit den Erwachsenen, unter deren Obhut man steht, darüber zu sprechen. Man muß es zum Beispiel wagen, eine andere Richtung einzuschlagen, wenn man spürt, daß der Weg, den man bisher gegangen ist, einem nicht guttut, statt sich vorzumachen, daß sich das alles schon von alleine gibt. Denn es ist sehr selten, daß sich etwas von alleine gibt.

Manchmal treibt einen auch ein *Mangel an Liebe* dazu, Drogen zu nehmen, das Gefühl, nicht geliebt zu werden und niemanden zu lieben. Solche Augenblicke gibt es im Leben eines jeden Menschen. Man darf sich davon nicht entmutigen lassen und sollte nicht vergessen, daß man dann am glücklichsten ist, wenn man selbst lieben kann. Aber um lieben zu können, muß man sich anderen Menschen gegenüber erst einmal ein wenig öffnen.

Durch die Droge verschafft man sich das Gefühl, der Wirklichkeit *entrückt* zu sein, einer Wirklichkeit, die man nicht mehr erträgt. Man entflieht seiner Traurigkeit, indem man sich den Magen, die Venen oder die Lunge mit etwas Gutem füllt, so wie man früher mit etwas „Gutem" gefüllt wurde, entweder von seiner Mama oder einer anderen Person, die liebevoll für einen gesorgt hat. Man spinnt sich ein in einen Kokon, ein Gefühl aus der Vergangenheit, das man wiederfinden will, wie ein Schmetterling, der von seinem Dasein als Flügelwesen enttäuscht ist und am liebsten in seinen Kokon, sein Larvendasein, zurückkehren würde.

Mit einer Packung Zigaretten hat man ein Mittel in der Hand, mit dem man um sich herum, aber auch in sich eine *beruhigende persönliche Atmosphäre* schaffen kann. Eine Packung Zigaretten gibt einem auch die Möglichkeit, andere auf Distanz zu halten, um zu arbeiten oder nachzudenken. Manche Jugendliche, deren Eltern geraucht haben, stellen so die angenehme Atmosphäre von früher wieder her, wenn die Großen zusammensaßen und sich in gelöster Stimmung unterhielten, ohne daß das Kind im Zentrum ihrer Aufmerksamkeit stand.

Ganz unbewußt ist Rauchen auch eine Erinnerung an die schöne Zeit, wo wir an der Brust der Mutter gesaugt haben oder auch am Fläschchen, das uns zärtlich, liebevoll und mit vollkommener Zuwendung gegeben wurde.

Mit Drogen ist nicht zu spaßen. Mal eine Zigarette rauchen, auch eine Haschischzigarette, das ist kein Drama. Aber sobald man sich in dieser Hinsicht gefährdet fühlt, muß man, bevor die Sache sich zuspitzt, unbedingt den Mut aufbringen, mit einem Erwachsenen, dem man vertraut, *darüber zu sprechen*. Eine kräftige Strafpredigt ist nichts, verglichen mit dem, was hier auf dem Spiel steht. Eine strenge Bestrafung seitens der Familie, darüber kann man hinwegkommen — eine gerichtliche Strafe dagegen kann ein Leben ruinieren. Auch wenn es ganz harmlos anfängt — wenn Drogen im Spiel sind, geht es manchmal auf Leben und Tod.

Sobald es um Drogen geht, wird alles zur Falle. Oft bringt einen die Neugier dazu, mit Drogen zu experimentieren. Man glaubt, man täte das nur, um es einmal auszuprobieren, man glaubt, daß man, im Gegensatz zu den anderen, sehr wohl den nötigen Abstand behalten werde, daß man jederzeit wieder damit aufhören könne. Tabak, Marihuana oder Alkohol können, gemeinsam mit anderen genossen, ein Gefühl der Euphorie erzeugen. Man fühlt sich wohl, das Reden fällt einem leichter, man ist nicht so gehemmt, und das ist angenehm. Doch an diesem Punkt muß man aufhören. Wenn man weitergeht, *verliert man die Selbstkontrolle* und landet anschließend wieder im Gefängnis seiner *Einsamkeit.*

Genau auf diese Weise wird man zum Alkoholiker. Alkoholiker sind überdurchschnittlich sensible Menschen, denen es schwerfällt zu reden, weil ihre Angst sie hemmt. Alkohol nimmt ihnen die Hemmungen, sie fühlen sich stärker und selbstsicherer, sie haben weniger Angst und sind nicht mehr so schüchtern. Und den Alkohol kann man überall kaufen! Ganz allmählich geraten sie dann in die Fänge dieser von der Gesellschaft so sehr verharmlosten Droge. Auf Alkohol reagieren wir alle sehr verschieden. Am ehesten vom Alkohol abhängig werden meist die Menschen, die ihn am schlechtesten vertragen — nicht unbedingt diejenigen, die am meisten trinken. Alkoholiker sind sensible Menschen, die an einer Droge Halt suchen, um ihr Leben in einer Gesellschaft zu meistern, deren Gesetze zu hart für sie sind. Der Alkohol wird von der Gesellschaft verharmlost, die daran auch noch verdient.

Bei harten Drogen ist Vorsicht geboten: Man wird *sehr schnell* abhängig. Ohne daß man Zeit gehabt hätte, sich darüber klarzuwerden, sitzt man plötzlich genauso in der Falle wie die anderen. Diese Tatsache ist Dealern wohlbekannt. Am Anfang geben sie Jugendlichen die Drogen fast umsonst, so lange, bis sie dann an der Nadel hängen. Gewisse Erwachsene, die genau wissen, wie schwach Jugendliche in diesem Punkt sind und deren Sonderstellung vor dem Gesetz ausnutzen wollen, sind zu allem bereit, um sie mit Drogen − meist harten − zu ködern und sie in den Drogenhandel hineinzuziehen. Man kann diesen Erwachsenen überall begegnen, und sie können durchaus sympathisch wirken! Drogenkonsum ist fast immer an einen bestimmten Freundeskreis gebunden. Da es ein existentielles Bedürfnis ist, Bekannte und Freunde zu haben, fällt es meist schwer, sich ihrem Druck zu widersetzen. Man hat Angst, von der Gruppe abgelehnt zu werden und dann wieder alleine zu sein. Man muß aber den Mut aufbringen, anders zu sein als sie. Oft stellt man dann mit Erstaunen fest, wieviel Respekt die anderen einem dafür entgegenbringen, und man merkt, daß man akzeptiert wird, auch wenn man anders ist.

Wenn man in diesem Punkt andere Erfahrungen macht, bleibt einem nichts anderes übrig, als sich von seinen Freunden zu trennen, um von der Droge loszukommen. Das ist hart, aber es ist der Mühe wert. Es beweist Stärke, wenn man einer Zeit der Einsamkeit nicht ausweicht, um aus einer Selbstentfremdung herauszukommen, die zum Tod oder zum geistigen und körperlichen Verfall führen würde.

Neugierig zu sein ist prima und verhängnisvoll zugleich. Man muß seinen kritischen Verstand bewahren, um keine gefährlichen Wagnisse einzugehen. Wenn die anderen einen ermuntern, es doch auch einmal zu probieren, dann muß man den Mut haben, *es nicht zu tun*. Es ist in diesem Fall mutiger, sich nicht zu trauen, als mitzumachen, nur damit man in die Schablone paßt, in die einen die anderen mit Gewalt pressen wollen.

Wenn ihr in die Fänge irgendeiner Droge, ganz gleich welcher Art, geraten seid, gibt es Leute und Institutionen, die euch helfen können. Das Problem dabei ist, daß man mit dem Kopf durchaus davon überzeugt sein kann, daß man von der Droge loskommen will, in der Tiefe aber noch nicht bereit dazu ist. Wenn ihr zu diesem Zeitpunkt eine Entziehungskur macht, dann kann das nicht klappen, und es wird euch letztlich nur in der Überzeugung bestätigen, daß ihr doch nic davon loskommen werdet. Und das ist falsch. Um sich wirklich alle Chancen offenzuhalten, eine erfolgreiche Entziehungskur zu machen, sollte man lieber den Moment abwarten, wo man sich wirklich bereit fühlt, diese Feuerprobe auch durchzustehen. Niemals sollte man sich nur deshalb dazu bereit erklären, um den Menschen, die sich um einen sorgen, einen Gefallen zu tun. Man muß selbst dazu beitragen, daß dieser Moment kommt, indem man möglichst viel mit Erwachsenen, denen man vertrauen kann, darüber spricht.

Wenn man zu viele Schwierigkeiten hat – Drogen, Gewalt in der Familie, Kriminalität, Schulversagen –, kann man eine psychoanalytische Therapie machen, um da herauszukommen. Ein Psychoanalytiker ist jemand, der euch aufgrund von regelmäßigen Zusammenkünften hilft, allmählich Verantwortung zu übernehmen, Verantwortung gegenüber wem auch immer: gegen euch selbst, gegen andere und – warum auch nicht – auch in der Beziehung zu ihm, diesem Psychoanalytiker, der euch gegenübersitzt. Wenn man es fertigbringt, ihm zu sagen, was man denkt, wenn man begreift, daß man weder da ist, um ihn zu manipulieren, noch um von ihm manipuliert zu werden, daß es weder darum geht, sich von seinen Eltern zu lösen, noch darum, ihnen näherzukommen, und daß es schon gar nicht darum geht, aufgrund von irgend etwas, das man zu ihm sagt, in eine bestimmte Richtung gelenkt zu werden – dann hat man das Wesentliche begriffen. Das ist eine Arbeit, zu der zwei gehören: man selbst und der Analytiker. Am Ende dieser Arbeit fühlt man sich freier und stärker, und man kann dann auch Verantwortung für sich selbst übernehmen.

Die psychoanalytische Therapie hilft einem, die Zeit der Häutung unbeschadet zu überstehen, eine Zeit, in der man so zerbrechlich und verletzbar ist, weil man seinen alten Panzer verloren, den neuen aber noch nicht ausgeschwitzt hat.

### Jean-François, sechzehn

Indem man diese Drogen nimmt, schafft man sich eine Welt, die aus unwirklichen Plänen besteht, aus einem Berufsleben, das man sich erträumt. Man hat das Gefühl, erwachsener zu sein. Man macht Pläne, als wäre man erwachsen. Aber man ist es ja nicht, und das vergißt man. Ab und zu wird einem dann klar, daß das alles nicht stimmt, dann ist man deprimiert und nimmt immer mehr, weil sich der Körper daran gewöhnt. Man wird abhängig. Ohne geht gar nichts mehr. Man geht nicht mehr aus, weil man sich langweilt. Mit dem Dope dagegen hat man das Gefühl, einen Superabend mit superinteressanten Leuten zu verbringen. Wenn man damit aufhört, merkt man, daß alles nichts gebracht hat, daß man eigentlich nichts gemacht hat. Null plus null war schon immer null.

### Marie-Christine, achtzehn

Rauschgift macht die ganze Sexualität kaputt. Man hat keine Lust mehr, das ist bei den Jungen so und bei den Mädchen auch. Und wenn man zufällig doch Lust hat, mit jemandem zu schlafen, dann klappt's nicht, und man ist frustriert. Wenn man richtig süchtig ist, hat man für sexuelle Beziehungen am Ende überhaupt keinen Platz mehr.

### Nicolas, sechzehn

Ich versteh die Drogensüchtigen. Im allgemeinen sind das Typen, denen es sehr schlecht geht, auch wenn Drogen kein Mittel sind, da herauszukommen, ganz im Gegenteil. Aber es gibt andere, die sind echt schwachsinnig: Die tun das, um dazuzugehören. Da ist ein Älterer, der fixt, also wollen sie es auch.

### Corinne, fünfzehneinhalb

Es sind vor allem die Jungen, die trinken. Für die ist das eine Art, sich abzureagieren. Die stellen sich vor, daß sie Männer sind, wenn sie imstande sind, sich zu besaufen. Für die Mädchen, für mich jedenfalls, ist das eher ein Experiment, einfach so, nur einmal. Aber wenn mir schlecht wird, habe ich eigentlich keine Lust mehr, das nochmal zu machen.

### Muriel, sechzehneinhalb

Wenn man sich Fragen stellt über die Gesellschaft, über die Leute, an denen man vorübergeht oder deren Weg man kreuzt und die wieder verschwinden, oder über die Arbeit, von der man träumt, wenn man darüber nachdenkt, wie bedeutungslos man in Wirklichkeit ist, oder über das Glück, das nichts ist als ein Wort mit fünf Buchstaben, über die Liebe, die überall ist und wenn sie einen erwischt sich ganz schnell wieder verbraucht, über tausend alltägliche Kleinigkeiten, dann gibt es als Antwort ein paar Katastrophen-Lösungen:
— Selbstmord, um sich eine kleine Ewigkeit auszuruhen.
— Abrutschen in die Droge, um sich in einer kaputten Scheinwelt treiben zu lassen.
— Sein verstecktes Inneres öffnen: Gewalt-Haß, womit man sich selbst zerstört, indem man die anderen zerstört.
— Und die sanfte Verrücktheit, flüchtige, inkonsequente Gedanken und Gesten zum Ausdruck bringen, die alle sagen: „Ich will schnell machen, lachen, mir etwas vorstellen und, indem ich alle Gefühle groß werden lasse, für einen Moment leidenschaftlich sein. Einen Augenblick lang verrückt sein, um wenigstens das zu erleben und zu fühlen." Ideen, die allzu konkret werden, sind blockiert, deshalb will ich auf dem Papier nicht von ihnen sprechen, ich will meinen Gedanken, den Worten/ Schmerzen freien Lauf lassen, mich trotzdem wohl fühlen und daran glauben, daß das Leben nicht ein Meer von Bitternis ist.

### Sylvie, siebzehn

Mit vierzehn bin ich in das Drogenmilieu geraten, und zwar ziemlich tief. Das ist ein schreckliches Milieu, eine Welt, die dich immer wieder einholt. Man hängt ständig am Telefon und klappert Szene-Treffs ab. Das ist eine Welt, in der man leicht zur Prostituierten wird. Und das ist das Gegenteil von Leben. Das ist der Tod. Und da hat sich bei mir sowas wie ein gewaltiger Überlebensinstinkt gemeldet. Meine Eltern haben mir geholfen, mir wieder eine Umgebung zu schaffen und ein Leben, das einigermaßen im Gleichgewicht ist.

### Eliane, sechzehn

Ich kenne Jugendliche, die nehmen alle möglichen Arten von Dope, die in Apotheken frei verkauft werden und überhaupt nicht teuer sind. Für mich sind das „die Drogen der Armen".

## Eléonore, sechzehneinhalb

Ich komme aus einem bürgerlichen Milieu und bin plötzlich in ein völlig anderes Milieu geraten. Als ich anfing, Drogen zu nehmen, hat sich das gegen meine Familie gerichtet, ich wollte meine Eltern ruinieren, statt dessen hab ich mich selbst ruiniert. Ich hab's auch gemacht, um mich der Autorität meiner Eltern zu entziehen, aber in dem Milieu, in dem ich dann war, hatte ich die Funktion eines Kuriers und war einer anderen Autorität unterworfen, der Erpressung. Am Anfang hatte ich das Gefühl, nicht richtig akzeptiert zu werden, da hab ich noch zugelegt, ich war ganz tief drin. Jetzt, wo ich wieder raus bin, wird mir einiges klar, und ich wünsche niemandem, daß er diese Art von Erfahrungen macht.

## Antoine, siebzehn

Ich weiß, daß Tabak gefährlich ist. Man kann nur schwer damit aufhören, aber ich möchte auch gar nicht aufhören. Ich muß sagen, daß ich mir damit in erster Linie die Zeit vertreibe. Wenn ich nichts mache und mich langweile, habe ich Lust auf eine Zigarette. Aber gestern zum Beispiel hatte ich keine, und das hat mich nicht gestört, weil ich viel zu tun hatte.

## Lionel, sechzehneinhalb

Wenn man Drogen nimmt, ist das Schlimme daran, daß man in ein Räderwerk gerät. Du kaufst etwas Stoff, und anschließend kommen die Typen, die dich zwingen, Stoff für sie zu kaufen, und sie drohen dir damit, dir die Fresse zu polieren, wenn du ihnen nicht bringst, was sie von dir wollen. Und so landest du dann plötzlich im Verkauf. Das ist wie eine Art Mafia, du kommst da nicht mehr raus.

## Guillaume, siebzehn

Wenn man Drogen nimmt, vergißt man die tägliche Körperpflege, man wechselt immer seltener die Kleidung. Man wird schlampig, widerlich. Man saust im Sturzflug nach unten, wie ein Flugzeug, das in einer Schlucht zerschellt. Man rutscht in ein Nachtleben hinein. Man vergißt den Rhythmus des richtigen Lebens. Im richtigen Leben wacht man nicht um drei Uhr nachmittags auf, um dann irgendwie irgendwas zu essen, ganz egal was. Das einzige, was in diesem Scheißleben wichtig ist, ist „auf dem laufenden zu sein", zu wissen, was die Kumpels machen, rauszukriegen, ob irgendwas stattfindet, ob es dort Drogen gibt, woher sie kommen und ob sie gut sind oder nicht.

### Christian, siebzehn

Auf Alkohol, darauf stehen die Alten. Also wenn ich eine Alte sehe, so wie die aus unserem Dorf, die von morgens bis abends komplett voll ist, dann hab ich keine Lust, so zu werden wie die. Aber das Härteste ist, wenn die was von einem Joint hört oder so, dann rastet die aus. Sie sagt: „Die Jugendlichen, das sind alles Nullen." Für die sind Drogen das absolute Böse.

### Jean-Claude, siebzehn

Im Fernsehen hab ich echte Drogensüchtige gesehen. Nicht so Typen, die sich ab und zu mal einen Joint reinziehen, sondern Typen, die echt fixen. Die waren in einem jämmerlichen Zustand, ganz rote Augen. Ich hab auch mal einen Joint geraucht, danach war mir schlecht. Auf härtere Drogen darf man nicht umsteigen. Ich werde niemals harte Drogen nehmen. Wenn mir jemand welche anbietet, werde ich ihm sagen, daß er verduften soll.

### Eric, sechzehn

Man kann Jugendliche nicht vom Haschischrauchen abhalten, indem man die weichen Drogen verbietet. Man müßte vielmehr die Gefahren erklären, man müßte ihnen erklären, daß sie nichts mehr zustande bringen, wenn sie weitermachen, und schließlich als Penner enden.

### Jean-Marie, fünfzehn

Ich hatte mal eine Freundin, die hat Trichlo geschnüffelt. Wenn sie total deprimiert war, ging sie auf einen Trip. Das hat ihre Nervenzellen kaputtgemacht. Jetzt hat sie aufgehört. Zum Glück war sie nicht abhängig.

### Alexandre, siebzehn

Was in Drogenkarrieren immer wieder vorkommt, ist der „Chamäleoneffekt". Ein Süchtiger versucht einen Partner zu finden, der genau so werden soll wie er. Das heißt, weil er selbst etwas durchgemacht hat, was hart war, stellt er es so an, daß es seinem Partner genauso geht.

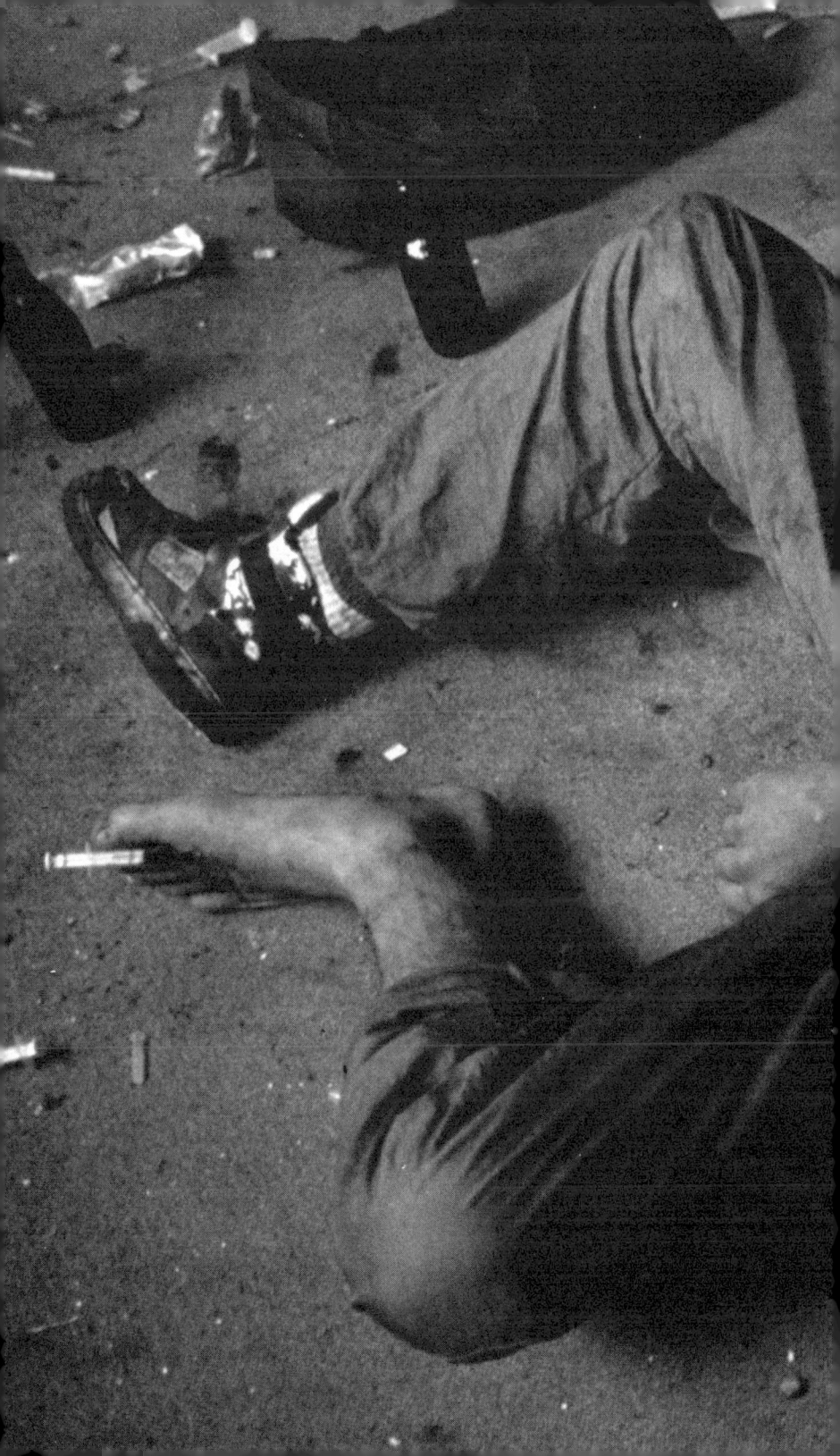

# SCHAM

**D**ie Scham, die einem so viele Qualen bereitet, wird durch den Blick der anderen hervorgerufen, dadurch, wie sie einen sehen oder wie man denkt, daß sie einen sehen. Man vergleicht es mit dem Idealbild, das man von sich hat, und schämt sich. Während der Adoleszenz verändert man sich so sehr, daß man sich selbst nicht wiedererkennt. Die Augen der Freunde sind nun wie ein lebender Spiegel, den man unaufhörlich befragt: Bin ich in Ordnung, so wie ich bin? Fällt die Antwort unglücklicherweise nicht rundherum günstig aus, so ist man verletzt und *zieht sich in sich selbst zurück.* Sich auf die eigene Scham zu konzentrieren ist eine Art, sich nur mit sich selbst zu beschäftigen.

**E**in Körper, der sich so rasch und nicht immer ganz harmonisch verändert, ist ziemlich lästig. Wenn man innerhalb von drei Monaten von einem kleinen Bub zu einem baumlangen Kerl wird oder von einem kleinen Mädchen zum Pin-up-Girl, das kann einen schon aus der Balance bringen. Oft schämt man sich dieses Körpers, der einem noch nicht vertraut ist und mit dem man noch nicht richtig umzugehen weiß.

Zwar weiß man, was man nicht mehr ist, aber man weiß noch nicht, wer man ist. So ersetzen einem die Freunde, mit denen man sich umgibt, die eigene Persönlichkeit. Man versteckt sich in der Clique wie ein Stern in der Galaxis.

In der familiären Galaxis fühlt man sich mit einem Mal nicht mehr wohl, sie behagt einem nicht mehr so recht. Man schämt sich für seine Eltern, und die Eltern schämen sich für ihre Kinder — eine schöne Situation!

Die Clique, die man um sich herum braucht, damit man sich lebendig fühlt, kann einen auch ganz schön einengen. Man sucht Abstand zu den Eltern, weil man sie erdrükkend findet, und dann nimmt schnurstracks die Clique die Rolle von Vater und Mutter ein.

Die Sicherheit, die die Mutter dem Kind gegeben hat, findet man in der Gemeinschaft mit der Clique wieder, und ihre Regeln ersetzen die Autorität des Vaters. Doch die Clique ist so etwas wie die Plazenta. Man braucht sie eine gewisse Zeit, um leben zu können, aber eines Tages muß man sich von ihr lösen. Es ist gut, sich von einer Gruppe tragen zu lassen, vorausgesetzt, man läßt sich nicht zu etwas verführen, was man nicht will, nur weil man sich schämt zu sagen, daß man nicht einverstanden ist.

Das Gefühl der Scham hat etwas von den ersten Krokussen an sich, die im Frühling voll Saft und Kraft und in leuchtenden Farben aus der Erde sprießen und die den Eindruck machen, als ob sie sich schämten hervorzukommen — so, als wäre es schlecht, sich durch soviel Schönheit und Verlangen bemerkbar zu machen. Es ist wahnsinnig gefährlich, sich so zu exponieren, denn dann wird man vielleicht zertreten. Man könnte das den Komplex des *zertretenen Krokus* nennen.

Das Gefühl der Scham hängt mit all den neuen und heftigen Wünschen zusammen, die man in sich aufsteigen spürt. Diese Wünsche sind etwas sehr Persönliches. Wenn man sie zeigt, exponiert man sich. Werden sich die anderen darüber lustig machen, oder werden sie es großartig finden? Das weiß man vorher nie. Man geht sich selbst in die Falle, wenn man nicht den Mut hat, sich diese Wünsche einzugestehen, die man noch nicht richtig fassen kann und von denen man nie geglaubt hätte, daß man sie eines Tages haben könnte.

All diese Wünsche sind mehr oder weniger versteckte *sexuelle Wünsche.* Man erforscht eine neue Welt – wird man ihr gewachsen sein? All das trägt bei zu dem Gefühl der Scham. Da diese Wünsche neu für einen sind, weiß man noch nicht, ob es sich um kühne oder um lächerliche Wünsche handelt. Noch immer trägt man das Kind in sich, das sich anpassen will, von dem man sich nun aber verabschieden muß.

Wenn man jemanden beschämt, so tut man ihm immer weh, und manchmal verletzt man um einer Nichtigkeit willen jemanden tödlich. Eine Erziehung, die nach dem Muster verläuft: „Schämst du dich nicht?" kann dazu führen, daß wir an all unseren Unternehmungen zweifeln, daß unsere Wünsche erlöschen, noch bevor wir sie überhaupt ausdrücken können. Eltern, die ihre Kinder so erziehen, sind oft Menschen, die selbst unter ihrer Scham leiden oder die in ihrer Kindheit oft beschämt worden sind.

In unserer Gesellschaft, in der alles kommerzialisiert ist, schämt man sich manchmal, wenn man kein Geld hat, als ob materieller Reichtum etwas über den menschlichen Wert dessen aussagen könnte, der ihn besitzt. Dabei hat das eine mit dem anderen gar nichts zu tun. Manchmal kommt es einem so vor, als ob man desto mehr äußere Reichtümer vorzeigen müsse, je stärker man an seinem inneren Reichtum zweifelt. Die verborgenen Reichtümer sind oft viel interessanter als die, die nach außen zur Schau gestellt werden.

### Sabine, siebzehn

Um leben zu können, muß man auf jeden Fall auch stolz auf sich sein, auf die eigene kleine Person, das heißt, man darf sich nicht auf die Füße treten lassen.
Scham ist für mich ein Gefühl von Schuld. Scham ist, wenn man bedauert, etwas getan oder sich gemein oder dumm verhalten zu haben.

### Charlotte, siebzehn

Ich würde mich so gerne trauen, ich selbst zu sein, immer, egal mit wem ich zusammen bin, meine wirkliche Persönlichkeit zeigen und mich nicht hinter einer Maske verbergen, die immer anders ist, je nachdem, mit wem ich zusammen bin...

### Patrice, sechzehn

Wenn es das Gefühl der Scham doch nicht gäbe! Manchmal schämt man sich so sehr, daß man es am liebsten vergessen würde: Scham, das ist Rotwerden vor allen Leuten und zu spüren, daß die anderen das sehen.

### Martine, vierzehn

Ich fühle mich nicht wohl in meiner Haut, ich komme mir vollkommen unnütz vor, wie nichts, rein gar nichts auf diesem verdammten Planeten. Ich schäme mich bis ins Innerste. Ich weise jede Vorstellung von Unabhängigkeit von mir. Das Leben macht mir Angst. Es ist, als wäre dieser Körper nicht mehr mein eigener.

### Florence, sechzehn

Scham ist das Gefühl, anders
zu sein als die anderen und als
„Fall" betrachtet zu werden.

### Maxine, fünfzehn

Man empfindet Scham, wenn
man sich nicht so ganz wohl
fühlt in seiner Haut und immer
Angst hat vor den Reaktionen
der anderen, vor allem vor den
Reaktionen der Freunde, wenn
man in eine Situation geraten
ist, die man eigentlich nicht
wollte.

### Alain, fünfzehneinhalb

Man schämt sich, wenn man
ein anderes Outfit hat, wenn
man sich auf eine Mode einge-
lassen hat, die bei den anderen
bloß ein mitleidiges Lächeln
hervorruft. Außerdem ist
Scham auch ein mehr oder
weniger starkes Gefühl von
Mißerfolg, glaube ich.

### Nathalie, fünfzehneinhalb

Ich bin lieber allein, weil, wenn
zu viele Leute da sind, damit
komm ich nicht klar. Wie zum
Beispiel bei meiner Tante. Sie
hat ein Baby bekommen und
ich war zur Taufe eingeladen.
Da mußte ich wieder gehen,
ich halte sowas nicht aus. Es
waren alle möglichen Leute da
und ich kannte niemanden,
aber sie kannten mich. Das
nervt mich und ich muß dann
einfach weg. Ich fühle mich
nicht wohl, wenn zu viele
Leute da sind, wenn gelacht
wird und so, das ist zwar schön,
aber... Ich wäre gern wie sie,
würde auch gerne lachen und
so, aber ich weiß nicht, ich
schaff das nicht.

### Myriam, vierzehn

Heute abend hab ich Lust,
nein, ich brauche Ferne, Kummer, Haut, nichts. Mein Vertrauen schwankt, ich fühl mich
ganz klein im Moment, das ist
alles andere als schön. Ich habe
Angst, mich im Spiegel zu
sehen, habe Angst vor den
Blicken, die sich auf mich richten...
Ich habe Angst vor meinen
Bewegungen, ich hab zuviel
auszuspucken... ich schaff's
nicht, aber verflixter Mist...
My God, Pech, ich kann nicht
mal aufschreiben, was mir auf
dem Herzen liegt. Es ist schwer
zu ertragen.

### Juliette, sechzehn

Manchmal bin ich stolz auf mich. Das kommt sogar oft vor, weil ich ziemlich streng zu mir bin. Ich mache viel Musik, und wenn ich ein Stück komponiere, bin ich stolz, wenn ich es allen möglichen Leuten vorspielen kann. Aber hinterher schäme ich mich manchmal. Dann finde ich mich lächerlich mit meinem Stolz und allem.

### Frédéric, siebzehn

Wenn ich etwas hinkriege, von dem ich nicht gedacht hätte, daß ich es schaffe, dann bin ich stolz. Wenn das Gegenteil der Fall ist, wenn ich den festen Wunsch habe, etwas zustande zu bringen und es einfach nicht schaffe, schäme ich mich.

### Virginie, siebzehn

Ich persönlich fühle mich nicht sehr gut in meinem Körper, und infolgedessen fühle ich mich auch nicht gut in meinem Kopf. Das wirkt sich auf meine Beziehungen zu anderen aus. Ich habe immer das Gefühl, angeschaut zu werden. Dann schäme ich mich, weil die anderen sich nicht für das interessieren, was ich bin, für das, was ich wirklich empfinde.

### Charlotte, siebzehn

Ich schäme mich, wenn ich sprechen soll. Mit meinem Vater rede ich nicht viel über meine Probleme. Das ist etwas anderes als mit einer Mutter. Ich frage ihn, ob ich etwas kochen soll, ich spreche mit ihm über den Haushalt, über das, was eingekauft werden muß und so, das ist auch schon alles.

# DIE EIGENE GESCHICHTE

**W**ir alle haben eine Geschichte. Sie bildet das „Webmuster" unseres Lebens. Sie ist weder gut noch schlecht. Sie ist die Summe von glücklichen und unglücklichen Umständen, angenehmen und unangenehmen Ereignissen, Freuden und Leiden. Solange man seine eigene Geschichte nicht wirklich als die eigene akzeptiert, kann man sie auch nicht richtig leben. Solange man der *Sehnsucht* nachhängt, daß Vater oder Mutter anders gewesen wären, solange kommt man nicht weiter, weil man seine ganze Energie in dieser Sehnsucht verbraucht. Man rührt sich nicht von der Stelle, grübelt über seine Enttäuschungen nach und ist nicht fähig, seinen eigenen Weg einzuschlagen.

**W**enn ihr irgendeine Möglichkeit dazu seht, solltet ihr in Erfahrung bringen, wer eure Vorfahren waren und wo sie gelebt haben.

**L**aßt euch eure Geschichte erzählen, um euch selbst besser kennenzulernen, um besser zu verstehen, wer ihr seid… Diese Geschichte gehört euch. Fragt eure Eltern aus, eure Großeltern und auch eure Urgroßeltern — immer häufiger hat man das Glück, sie zu kennen. Die Freunde eurer Eltern und ältere Menschen aus eurem Umfeld verfügen über einen ganzen *Schatz von Geschichten*, die sie nicht erzählen, weil niemand auf die Idee kommt, sie danach zu fragen. Betreibt Familiengeschichte, um eure Eltern verlassen zu können. Man muß aus der eigenen Vergangenheit schöpfen. Wenn es da Geheimnisse gibt, ist es spannend, darüber zu sprechen und seiner Phantasie freien Lauf zu lassen.

Bei alledem sollte man gute Gefühle haben gegenüber denjenigen, die einem das Leben geschenkt haben, und im Zweifelsfall versuchen, es besser zu machen als sie, oder doch wenigstens nicht schlechter. Das ist schon ein ganz gutes Programm für einen Jugendlichen.

Während der Adoleszenz durchlebt man, ohne sich dessen bewußt zu sein, vieles aus seiner Kindheit noch einmal — in Träumen oder in bruchstückhaften Erinnerungen, die wie kleine unversehrte Stücke der eigenen Lebensgeschichte nun wieder an die Oberfläche steigen.

Es heißt, daß Sterbende ihre ganze Vergangenheit im Zeitraffertempo noch einmal vor sich sehen. In der Adoleszenz lassen wir die Kindheit hinter uns, das Kind, das wir waren, stirbt, um sich zu verwandeln; vielleicht ist das der Grund dafür, daß diese Erinnerungen so lebhaft werden. Man braucht keine Angst davor zu haben. Es ist ganz natürlich. Und es gibt überhaupt keinen Grund, sich deswegen absonderlich vorzukommen.

Jeder gelebte Augenblick ist nur ein Punkt auf unserer Lebensbahn. Es ist wichtig zu wissen, woher man kommt, um besser verstehen zu können, wohin man geht und warum man eine bestimmte Richtung einschlägt. Ist sie die richtige für uns? Es ist immer gut, sich diese Frage zu stellen. Sind wir als lang ersehntes Wunschkind auf die Welt gekommen, oder waren wir ein „Betriebsunfall"? Wie hat man uns aufgenommen? Wie wurden wir geboren, mit dem Kopf voran oder mit dem Gesäß? Wurden wir gestillt, oder bekamen wir das Fläschchen? Wer hat auf uns aufgepaßt? Das alles ist unsere Geschichte. Sie ist sehr kostbar, und uns steht das Recht zu, sie zu erfahren, sofern es möglich ist.

Man kann die Eltern danach fragen, allerdings nur, wenn man ihnen zugesteht, daß sie nicht antworten, wenn sie keine Lust dazu haben. Wer nach seiner eigenen Geschichte fragt, muß behutsam vorgehen. Es ist gut, wenn man den Mut hat zu fragen, aber – Vorsicht – manchmal können die Antworten im ersten Moment sehr weh tun.

In der Adoleszenz bringt man sich selbst noch einmal zur Welt, man muß die Verantwortung für sich jetzt selber übernehmen, ganz gleich, ob man nun als Baby gut aufgenommen worden ist oder nicht.

Wenn man die Geschichte seiner Familie, seiner Eltern kennt, dann fühlt man sich unter Umständen schuldig für etwas, das sie vielleicht getan haben. Dabei sollte man es *annehmen*, ohne sich schuldig zu fühlen, denn Schuldgefühle sind ein gefährliches Gift. Manchmal sind die Dinge in unserer Lebensgeschichte, die man uns verheimlicht, diejenigen, die wir am schmerzlichsten empfinden und die uns die größten Schuldgefühle machen. Sie hindern uns daran, weiterzukommen und uns zu entwickeln. Eine solche Vergangenheit, die uns belastet und uns im Wege steht, das nennt man eine Neurose.

Die Neurose ist keine Krankheit, sondern ein Leiden, das manchmal von Generation zu Generation weitergegeben wird, solange man die Ursachen dieses Leidens nicht erkennt.

Ein kleines beschämendes Ereignis im Leben eines Menschen, das verschwiegen wird, kann so das Leben seiner Nachkommen vergiften. Um sich von einer solchen Neurose zu befreien, kann man zum Beispiel eine Psychotherapie machen. Allerdings: So bedeutsam die Vergangenheit ist, man darf doch nie vergessen, daß die Karten jeden Tag neu gemischt werden. Keine noch so miese Vergangenheit kann eine *gute Zukunft* ausschließen, im Gegenteil.

### Frédéric, siebzehn

Ich kenne unsere Familiengeschichte nicht so genau. Mein Vater hat sich damit befaßt, aber er hat mir nur oberflächlich davon erzählt. Ich weiß nicht, ob das wichtig ist, würde mich aber durch handfeste Argumente davon überzeugen lassen.

### Guillaume, sechzehn

Es ist wichtig, seine Abstammung zu kennen. Aber man sollte sich mit ihr nicht deshalb auseinandersetzen, weil man darauf seine Existenz gründen will.

### Joël, siebzehn

Meine Großeltern väterlicherseits waren Landwirte; mein Großvater war aus seiner gutbürgerlichen Familie ausgestiegen, weshalb sie ein wenig auf ihn herabblickte. Mein Name deutet auf jüdische Abstammung hin, jedenfalls auf eine Herkunft aus Osteuropa. Ich weiß nicht viel von meiner Familie, obwohl mein Großvater mütterlicherseits, ein außergewöhnlicher Mann von umfassender Bildung, Ahnenforschung betrieben hat, wobei es ihm gelang, die Familiengeschichte bis weit in die Vergangenheit zurückzuverfolgen. Ich finde das sehr wichtig.

# HINWEISE UND ANREGUNGEN FÜR ELTERN UND ERWACHSENE, DIE MIT JUGENDLICHEN ZU TUN HABEN

*Eine Rede von Françoise Dolto,*
*gehalten am 13. Dezember 1985 anläßlich eines Kolloquiums,*
*das vom Centre Médico-Psycho-Pédagogique (CMPP)*
*in Vigneux-sur-Seine organisiert wurde*

Die Psychoanalyse hat gezeigt, wie tief die unbewußte Beziehung zu unseren Eltern und den Eltern unserer Eltern bei einem jeden von uns ist. Weiter als bis zur dritten Generation gehen wir derzeit nicht zurück. Jeder Jugendliche verdankt seine besonderen Eigenschaften und Charakterzüge den beiden Linien, denen er entstammt. Die neurotischen oder psychotischen Anteile, die er aufweisen mag, sind Reaktionen auf schwierige, für ihn im Moment unlösbare Situationen, welche ihrerseits der Widerhall analoger Situationen sein können, in denen sich seine Eltern im gleichen Alter befanden – was er nicht weiß und was manchmal auch die Eltern nicht wissen. Was der Vater während der Adoleszenz erlebt hat, hat Auswirkungen auf den Sohn, was die Mutter erlebt hat, auf die Tochter.

Sehr oft sagt man Ihnen davon nichts. Die Jugendlichen wissen es nicht, und die Eltern erzählen es Ihnen nicht, oder Sie kennen die Eltern überhaupt nicht. Verfolgt man indessen in Einrichtungen für schwer gestörte Kinder, in denen die Eltern in die Arbeit einbezogen werden, die verschiedenen Familiengeschichten, so entdeckt man, daß das, was das Kind in der Phase der Adoleszenz an Problemen sichtbar macht (seine Schwierigkeit, ja, vielleicht sein gänzliches Unvermögen, von der Kindheit ins Erwachsenenalter überzugehen, ohne dabei das seelische Gleichgewicht zu verlieren), in der Familie schon einmal gelebt worden ist – vom Vater, wenn das Kind ein Junge ist, und von der Mutter, wenn es ein Mädchen ist. Das ist seinerzeit unbeachtet geblieben, die Mutter selbst aber weiß es sehr genau. Sie kann Ihnen davon erzählen, und manchmal kann ihr jemand aus der vorangegangenen Generation sagen, was damals nicht ausgesprochen wurde und was bereits bei der Großmutter mütterlicherseits (sofern es sich um ein junges Mädchen handelt) oder beim Großvater väterlicherseits (sofern es sich um einen Jungen handelt) ein schweres verstecktes Trauma war.

Es kann uns nicht überraschen, daß wir, wenn wir über einen Jugendlichen sprechen, nicht darum herumkommen, auch über die Ursprünge seiner Krankheit nachzudenken und damit über die Wurzeln seiner affektiven Beziehungen zu seinen Eltern. Um Ihnen das nachvollziehbar zu machen, will ich Ihnen von zahlreichen Fällen berichten, wo ich zu begreifen anfing, daß das, was ein Mensch in einem bestimmten Alter erlebt, sich auf das gleichgeschlechtliche Kind auswirkt, sobald es dasselbe Alter erreicht hat. Das war wirklich eine Entdeckung.

Sehr oft kamen nach dem Krieg Eltern in meine Sprechstunde, deren vier- oder sechsjährige Kinder seit etwa zwei Jahren Störungen zeigten. Bisher sei das Leben ganz normal verlaufen und plötzlich, sagen die Eltern, könnten sie nicht mehr verstehen, was in ihrem Kind vorgehe. Zu Hause sei der Teufel los. Ich ermuntere sie, von ihrer eigenen Kindheit zu erzählen — denn darin besteht ja die analytische Arbeit, sofern man das Glück hat, daß die Eltern auch kommen. Sehr viele sagen dann: „Meine Kindheit, also, ich erinnere mich an nichts, was vor meinem zehnten, elften Lebensjahr liegt. Fragen Sie mich nichts. Ich habe zwar Fotos aus dieser Zeit aufgehoben, aber ich habe keine tiefergehenden Erinnerungen."

Das ist doch merkwürdig, erscheint ungewöhnlich. Jedenfalls war mir das vor dem Krieg, der 1945 zu Ende ging — ich sage dies, weil ich auch den Ersten Weltkrieg noch miterlebt habe —, nie begegnet. Dabei arbeite ich seit 1930 in verschiedenen Krankenhäusern und bin seit 1937 als Psychoanalytikerin tätig. Bemerkenswert war, daß diese Eltern während des Krieges zwei- bis achtjährige Kinder waren. Sie waren damals evakuiert worden, um sie vor den Fliegerangriffen in Sicherheit zu bringen, man hatte sie weit weggebracht, von ihren Familien getrennt, und sie hatten das hervorragend bewältigt; aber es war eine totale Kindheitsamnesie zurückgeblieben. Und mit diesem Phänomen hatten die unüberwindlichen Schwierigkeiten zu tun, die sie nun im Zusammenleben mit ihren Kindern erfuhren.

Als mir dies zum ersten Mal begegnete, war ich sehr überrascht. Beim zweiten Mal sagte ich mir: Das muß doch etwas sein, was allgemeine Bedeutung hat. Wenn sich jemand während einer bestimmten Lebensphase nicht liebt oder wenn ihm ein Abschnitt seiner Vergangenheit (völlig) unbewußt ist, dann kommt es mit seinem Kind — gerade weil er es so liebt, wie er sich selbst liebt — zwangsläufig zu folgender Situation: Er muß — und das ist fatal — mit seinem Kind auf jeden Fall irgendwie zurechtkommen, damit kein Kontakt zwischen ihnen entsteht. Und da es unerträglich ist, keinen Kontakt zu haben, wenn man zusammenlebt, kommt es zu einer Art „Wakkelkontakt“, damit überhaupt etwas geschieht. Aber es gibt keine wirkliche Verbindung über das Verstehen, kein gegenseitiges Begreifen. Man reibt sich aneinander. Wenn ein Heranwachsender, Junge oder Mädchen, besondere Schwierigkeiten hat, so muß man daran denken, daß, von der Psychodynamik der Familie her betrachtet, etwas Unbeglichenes, eine Schuld, aufs neue durchlebt wird — etwas, das seine/ihre eigene Dynamik hemmt, so wie die Mutter (bei einem Mädchen) oder der Vater (bei einem Jungen) es im gleichen Alter ihrerseits auch erlebt haben. Merkwürdig — beziehungsweise gar nicht merkwürdig — ist, daß die Eltern den Kindern nicht helfen können. Diejenigen aber, die mit Heranwachsenden zu tun haben, helfen ihnen am besten, indem sie die Eltern dazu bringen, mit jemandem, dem sie vertrauen und der es nicht weitererzählt, über die Schwierigkeiten ihrer eigenen Jugendzeit zu sprechen. Man muß ihnen sagen: „Sicher haben Sie einiges vermasselt. Versuchen Sie, sich daran zu erinnern, aber sagen Sie Ihrer Tochter oder Ihrem Sohn auf keinen Fall etwas davon. Denken Sie daran, Ihr Kind ist jetzt in Schwierigkeiten, weil es spürt, wie beunruhigt Sie sind. Sie selbst sind mit Ihren Schwierigkeiten von damals fertiggeworden, aber Sie hätten Ihr Leben beinahe verpfuscht, wären beinahe ins Gefängnis gekommen, hätten beinahe den Schulabschluß, den Sie machen wollten, nicht geschafft, und das alles wegen dieser Geschichte oder wegen dieses Abenteuers, an das Sie sich noch erinnern können."

Wenn es den Leuten schwerfällt, sich zu erinnern, so liegt das an ihrem Narzißmus, der sich nicht erinnern will, wie sehr sie während der Adoleszenz von Scheitern und Mißerfolg bedroht waren. So fanden sie aber auch die Kraft, sich aus den drohenden Gefahren, denen sie sich ausgesetzt hatten, wieder herauszuarbeiten. Ihre Verirrungen selbst haben ihnen geholfen, sie zu überwinden. Danach haben sie alles vergessen. Gerade deshalb lebt ihre Unruhe wieder auf, wenn ihre Kinder nun in dieses

Alter kommen. Manchmal haben sie nicht einmal mehr klare Erinnerungen, sie projizieren jedoch ihre frühere Angst auf ihr Kind und fürchten, es sei genauso in Gefahr, wie sie es einst waren.

Die Erwachsenen sollten für den Jugendlichen eigentlich ein sicherer Hafen sein. Und nun zeigt sich, daß er, wenn er sich an seine Eltern wendet, es mit Menschen zu tun hat, die große Angst haben, daß ihr Kind sich vor ihnen verstecken oder daß es in seinem Leben etwas geben könnte, was sie nicht wissen, weil sie es ja nicht den ganzen Tag überwachen können. Es gibt aber für einen Heranwachsenden nichts Schlimmeres, als ausspioniert zu werden. Jetzt begreift man, daß die zunehmenden Spannungen aus der Angst der Eltern resultieren, die den Jugendlichen dann noch sekundär mit ihrer Angst anstecken, so daß er die Vorstellung nicht erträgt, für seine Handlungen und Gedanken Verantwortung zu übernehmen, ohne seine Eltern über alles zu informieren.

Nun kommen wir zu der Arbeit, die Ihnen als Erzieher oder Lehrer zufällt, wenn Sie es mit Jugendlichen zu tun haben, die in Schwierigkeiten sind, und Sie sich fragen, ob diesen Jugendlichen nicht durch eine Psychotherapie geholfen werden könnte. Das ist eine schwierige Frage, jeder Fall ist wieder anders. Wie soll man beurteilen, ob ein Jugendlicher diese Hilfe braucht, wo doch gerade derjenige, der Ihnen die bestürzendsten und schlimmsten Dinge über sich und sein Leben erzählt und vielleicht von Selbstmord- und Mordphantasien spricht, im Begriff ist, sich von seinen Problemen zu befreien?

Zum Glück weiß man, wenn man als Psychoanalytiker/ Psychoanalytikerin arbeitet, daß, je mehr jemand seine Phantasien in Worten ausdrückt, er desto weniger dazu neigt, sie in die Tat umzusetzen. Doch das muß man eben wissen. Oft weckt ein Jugendlicher im Erzieher dessen eigene Angst. Es ist richtig, wenn der Erzieher dann sagt: „Sprich mit jemandem darüber, der das versteht, denn ich weiß nicht wie ich dir helfen soll", aber er muß das ohne Angst sagen. Weil ich sehr bekannt bin, bekomme ich viele Briefe von Gymnasiallehrern oder Sozialarbeitern, die mir schreiben: „Was kann ich für diesen oder jenen Jugendlichen tun, bei dem ich spüre, daß er sehr gefährdet ist, den seine Eltern verabscheuen usw.?"

All diese Phantasien, die der Jugendliche ihnen erzählt, diesen ganzen Salat empfinden sie nach, und dann fragen sie einen Psychoanalytiker, was sie tun und zu wem sie ihn schicken können. Einige sind sogar bereit, diese Sitzungen zu bezahlen! Sie sehen also, in welchem Maße ein Jugendlicher einen Menschen erschüttern und ihm eine Last aufbürden kann, die er eigentlich selbst tragen müßte. Was er erzählt, kann wahr sein oder auch nicht. Es tut ihm jedenfalls gut, darüber zu sprechen und zu merken, daß sich jemand ängstigt, jemand, dem er die Rolle jenes Elternteils übertragen hat, der ihn angeblich nicht mehr versteht: „Meine Mutter versteht mich nicht mehr. Mein Vater ist ein Scheißkerl." (Er hat ihn mit einer Geliebten gesehen, also, Sie verstehen...!) Der arme Gesprächspartner, der Kinder mag und ihnen helfen will – ich meine das im sozialen und positivsten Sinne des Wortes, ohne darin etwas Erotisches oder Heuchlerisches zu sehen –, fragt sich nun: „Was soll ich machen? Einfach darüber hinweggehen? Bringt dieser Junge oder dieses Mädchen sich vielleicht wirklich um?" Da ist zum Beispiel ein junges Mädchen, und eine ganze Gruppe von Leuten beschäftigt sich mit der Frage, ob man ihr die Pille zwangsweise geben oder ihr eine Spirale einsetzen lassen sollte, weil dieses Mädchen sich einfach jedem Mann an den Hals wirft. Das ist Gegenstand der Aufregung einer ganzen Gruppe von Leuten. Aber man hat sie nicht gefragt, ob sie eigentlich weiß, was sie riskiert, wenn sie mit jedem ins Bett geht. Die ganze Angst konzentriert sich auf dieses junge Mädchen, weil jeder von uns diesen schwierigen Moment durchgemacht hat, wo alles auf Messers Schneide steht.

Die „Adoleszenzkrise", von der man immer spricht, ist genausowenig eine Krise, wie eine Geburt eine solche ist. Sie ist genau das gleiche, nämlich eine Mutation. Niemand würde sagen, daß die Raupe, wenn sie sich in eine Larve verwandelt, sich in einer Krise befinde... Der Fötus riskiert sein Leben; sonst würde er nicht geboren. Würde er aber im Mutterleib nicht allmählich ersticken, so würde er die Mühe des Geborenwerdens erst gar nicht auf sich nehmen. Er muß also sein Leben aufs Spiel setzen. Tatsächlich muß er als Fötus sterben, um als Säugling geboren zu werden. Aber das ist mit einem Risiko verbunden. Also, die Adoleszenz ist keine Krise, sondern eine Zeit der Wandlung, was etwas ganz anderes ist.

Der- oder diejenige, die liebt, denkt und mit Ihnen spricht, das Subjekt, das in einem Jugendlichen steckt, braucht Ihre Hilfe. Es ist wichtig, daß Sie dem Jugendlichen helfen können, Geduld zu haben mit diesem Körper, der sich so stark wandelt, der Triebe und Wünsche im Gefolge hat, die er noch nicht annehmen und in die Realität umsetzen kann und die ihn explodieren lassen, sei es in Form von Gewaltausbrüchen, sei es aus dem Gefühl der Ohnmacht in bezug auf das, was er in der Phantasie alles tun möchte, wozu er jedoch nicht in der Lage ist. Aber es ist gut, wenn er solche Gedanken hat. Eines Tages gelingt es ihm vielleicht, seine Phantasien umzusetzen, aber jetzt im Moment braucht er jemanden, mit dem er über seine Ohnmacht sprechen kann und auch über seine Enttäuschung, daß er bei den Eltern keine Hilfe mehr findet; wie ein Fötus kurz vor der Geburt findet er nur in Ausnahmefällen Hilfe bei der Mutter.

Es ist merkwürdig, daß Jugendliche ständig das Wort „weggehen" im Munde führen. Man könnte sie mit Föten vergleichen. Der Fötus weiß nichts vom Weggehen, tatsächlich aber lebt er diesen Gedanken als ein Begehren/Bedürfnis, denn wenn er bleibt, wird er sterben. Für einen Jugendlichen ist es genauso: Bleibt er in seiner Kinderhaut, in der Sicherheit der Familie, dann wird ihm das zur größten Unsicherheit. Es ist unmöglich, immer in der Familie zu bleiben und auf Vater und Mutter zu hören. Diese Unmöglichkeit muß er auf die eine oder andere Weise akzeptieren, sei es, indem er sich in sich selbst zurückzieht, um so der Familie zu entfliehen, sei es, daß er weggeht, wohlwissend, daß es viel besser ist wegzugehen, als sich in sich selbst zu verschließen. Sie wissen, daß es bei Jugendlichen diese beiden Extreme gibt, aber manche Jugendlichen suchen auch dort Lösungen, wo sie sie niemals finden werden.

Hier ein Beispiel von völliger Sublimierung, von dem ich berichten kann, weil ich einen Mathematiklehrer als Nachbar hatte, der Schüler auf die Polytechnische Hochschule vorbereitete. Er sagte mir, daß es ganz schrecklich sei, bei Jugendlichen Mathematik zu unterrichten. Diejenigen, die Mathematik mögen, sprechen ständig darüber, die Mathematik gewinnt für sie eine so große Bedeutung, daß sie unter Umständen daherkommen und sagen: „Ich habe die Lösung eines Lehrsatzes gefunden, auf die außer mir noch niemand gekommen ist." Sie sind bereit, nächtelang aufzubleiben, um ihre Lösung zu demonstrieren, und sind so leidenschaftlich bei der Sache, daß sie nicht einmal mehr zuhören. Sie befinden sich wahrhaftig in einem mathematischen Delirium, während der Lehrer ganz bestürzt ist und sich fragt, ob es richtig ist, mit diesen sehr begabten Mädchen oder Jungen, die die Mathematik wie einen Geliebten oder eine Geliebte behandeln, überhaupt weiterzuarbeiten. Der Lehrer ist bestürzt, weil er sieht, daß er da jemanden vor sich hat, der im Delirium ist, daß er aber nichts dagegen tun kann; dieser Mensch ist derart entschlossen, sich ins Delirium zu begeben, daß er, der Lehrer, nicht mehr weiß, wie er ihn davon abbringen könnte. Zugleich spürt er, daß dieser junge Mensch physiologisch geradezu in einem Auflösungszustand ist, daß er sich in seiner Leidenschaft für die Mathematik ganz und gar verzehrt, buchstäblich süchtig danach ist.

Dasselbe kann auch bei der Philosophie passieren. Ich habe einmal einen fünfundzwanzigjährigen Patienten gehabt, der in der letzten Klasse vor dem Abitur* ein hervorragender Schüler war und der am Ende der letzten Klasse zusammenbrach, weil er nun nicht mehr Philosophie um der Philosophie willen betreiben konnte. Plötzlich gab es keine Persönlichkeit mehr, es gab nur noch jemanden, der aß und schlief. Es gab nur noch einen Schizophrenen. Mit diesem Etikett versehen, wurde er dann sieben Jahre lang von einer Krankenschwester betreut. Durch die Psychoanalyse, die erst jetzt versucht

---

* Im französischen Schulsystem wird die letzte Klasse vor dem Abitur „classe de philo" genannt und orientiert sich weitgehend an philosophischen Inhalten (Anm. d. Übers.).

wurde, konnte er sich von der Krankheit befreien. Vielleicht hätte er sich davon bereits befreien können, als er noch mitten im Prozeß der Sublimation vermittels der Philosophie steckte, was ja alle so stolz machte auf diesen bedeutenden, zukünftigen Philosophen, der in Wirklichkeit ein Kranker war — das heißt, ein Jugendlicher, der dabei war, sich in den Schlingen einer Leidenschaft, nämlich der Philosophie, zu verfangen.

Es ist übrigens immer etwas komisch, wenn in einer Psychoanalyse einer so daherkommt. Er spricht mit Ihnen, und nichts ergibt einen Sinn, es ist ein Gedankenmonolog in gelehrten Worten. Er spricht mit ernster Stimme, so als hinge das Leben ab von dem, was er einem da sagt. Alles ist abstrakt, es gibt nichts Konkretes, nichts Emotionales.

Manche anderen Jugendlichen suchen die Sublimation ganz im Gegenteil in der sexuellen Lust, in der körperlichen Begegnung, in dem Versuch, jedes Mädchen abzuschleppen. Jeder von uns hat Erinnerungen dieser Art: ein Kamerad, der kein hübsches Mädchen auslassen konnte, der immer gleich aufs Ganze ging und auch fast immer erreichte, was er wollte. Schließlich war er nicht mehr fähig zu arbeiten, weil er alle seine Erfolge auf dem Gebiet der (sogenannten) Erotik sammeln mußte, allerdings außerhalb aller ethischen oder ästhetischen Gesetze: der Koitus als Droge.

Wir sind mit Jugendlichen in Verbindung, weil wir ihnen helfen wollen, daß sie sich nicht in einer Falle verfangen. Sie brauchen jemanden, zu dem sie gehen können, der ihnen zuhört und ihnen eine realitätsbezogene Antwort gibt. Man kann zusehen, wie ein Jugendlicher sich in die größten Schwierigkeiten bringt, wenn man sich mit dem affektiven Zustand, in den er sich selbst versetzt und der einen berührt, irgendwie einverstanden zeigt. Er hat etwas Rührendes an sich, wie ein Künstler, der in seiner Kunst bis zum Äußersten geht, wie ein Turmspringer, der die herrlichsten Kunstsprünge macht. Ja, aber Sie dürfen nicht selbst in die Falle gehen, Sie auch nicht, weil Sie etwas in diesem Jugendlichen, der eine große Leidenschaft durchlebt, sehr berührt. Wir müssen dasein wie die Person, die einer Gebärenden beisteht und die verhindern muß, daß der Kopf des Kindes zu schnell kommt. Das Kind muß den Kopf auf die Brust nehmen, denn sonst geht es der Mutter schlecht. Und wenn es der Mutter schlechtgeht, dann geht es auch dem Kind in den folgenden acht Tagen nicht gut, weil eine Mutter in schlechter Verfassung dem neugeborenen Säugling keine gute Mutter sein kann. Auch wenn das Leben der Mutter nicht gefährdet ist und auch keine Gefahr für einen Dammriß besteht, so leidet doch die Beziehung darunter. Es ist also wichtig, daß die Geburt sich leicht vollzieht, und deshalb muß jemand dasein, der Hilfe leistet. Bei der Geburt eines Jugendlichen ist es nicht anders. Er braucht Ihre Hilfe, um die Herrschaft über sich selbst und die Kontrolle über seinen Körper zu behalten. Er braucht Ihre Unterstützung, um trotz der wilden Phantasien, die mit dem Hervorbrechen seines geschlechtlichen Begehrens einhergehen, auf sich achtgeben und sich gemäß den gesellschaftlichen Gesetzen verhalten zu können. Ich sage Ihnen da ganz einfache Dinge. Ihm helfen, daß er auf sich achtgibt, heißt ihn zu fragen: „Ißt du auch genug? Schläfst du genug? Kommt dein Körper zu seinem Recht? Denn so geht das nicht. Als Mathematiklehrer halte ich große Stücke von dir, aber du bist ein Draufgänger. Du wirst dich selbst und auch deine Fähigkeit zu denken ruinieren, wenn du nicht so klug bist und auf dich aufpaßt und dafür sorgst, daß auch dein Körper zu seinem Recht kommt."

Die Kontrolle über sich haben, das bedeutet, daß man sich in bezug auf seinen Körper oder auf die Gesellschaft in der Kontrolle hat. Ein Jugendlicher, dessen ganzes Begehren auf die Musik gerichtet ist, kommt leicht in Versuchung, Schallplatten zu stehlen, und wird kriminell; ein anderer, dessen Begehren auf neue Gefühlserfahrungen gerichtet ist, fängt vielleicht an, Kontakt mit der Drogenszene aufzunehmen. Ein Jugendlicher, der noch niemals Haschisch geraucht hat, fühlt sich, fast hätte ich gesagt: wie ein Trottel... Aber es ist wahr, er kommt sich vor wie ein Idiot, weil er es noch nicht probiert hat. Eine solche Phase ist wirklich gefährlich. Ich kenne Kinder im Alter von zehn, elf oder zwölf Jahren, für die jeder, der noch nie im Supermarkt geklaut hat, ein Idiot ist, einer, der nicht gewitzt genug ist und deshalb nicht richtig dazugehört. In diesem Moment bilden sich kleine Gruppen. Die Gruppe ist für den Jugendlichen sehr wichtig. Sie spielt eine künstliche Führungsrolle, übernimmt jedoch keine Verantwortung.

Die stützende und beschützende Funktion der Gruppe aber ist es, die den Jugendlichen hilft, die Zeit der Wandlung zu durchleben. Eine solche Gruppe, ganz egal welcher Art sie ist, bietet eine Art von gegenseitiger Selbstbewunderung. Es gibt immer einen in der Gruppe, der darauf aus ist, daß man in gefährlichen Situationen bis zum Äußersten geht, denn in diesem Lebensalter liebt man das Risiko. Jedesmal, wenn man die Gefahr spürt, in die man geraten ist, ist man jemand ganz Großartiges. Stehlen bedeutet ein solches Risiko, denn man kann dabei erwischt werden. Aber auch wenn man unter Wasser sehr lange die Luft anhält, ist das ein solches Risiko.

Ich habe erlebt, wie ein Junge auf diese Weise ums Leben kam. Er sagte: „Morgen bleibe ich soundso lange unter Wasser." Am nächsten Tag ist er unter Wasser gestorben. Seine Kameraden mußten das ohnmächtig mit ansehen, und sie waren tief erschüttert. Als er noch am Leben war, hatte er gesagt: „Alle, die gesagt haben, sie könnten unter Wasser soundso lange die Luft anhalten, haben hinterher gesagt, es sei nicht möglich, so lange unter Wasser zu bleiben. Aber ich schaffe das bestimmt. Ich trainiere immer. Ich habe Yoga gemacht. Noch vor Sonntag werde ich es länger unter Wasser ausgehalten haben als alle anderen vor mir." Eines schönen Tages hat er es dann geschafft. Er ist unter Wasser geblieben, voll Lust und ohne Sauerstoff. Er konnte nicht wiederbelebt werden. Obwohl sofort Erste Hilfe geleistet wurde, konnte seine Clique nicht verhindern, daß dieser Junge in die tödliche Falle einer Erotik geriet, die er auf diese Weise und verbunden mit einem so hohen Risiko gesucht hatte.

Man hat immer Angst vor dem Gelingen. Und dieses Angstgefühl wird um seiner selbst willen gesucht. Wenn man Drogen nimmt, geschieht dasselbe im Hinblick auf die passiven Strebungen, die Lust des Sehens und Hörens, die Empfindungen an der Hautoberfläche, das gesamte Spektrum der Lustempfindungen, die einem die Droge verschafft.

Aber warum bis an die Grenze des Todes gehen bei dem, was man riskieren möchte? An diesem Punkt kann der Psychoanalytiker dem Jugendlichen sagen, daß sich hier etwas abspielt, das sich schon bei seinem Vater oder seiner

Mutter im Keim abgezeichnet hat, und daß er daraus eine Art von Ethik gemacht hat. Daß er sich eine bestimmte Leistungsethik geschaffen hat und sehr viel von sich verlangt, etwas, das hinausgeht über alles, was er bisher an sich erfahren hat. Dieses Leistungsdenken kann sich auf die aktiven, nach außen gerichteten Triebe (sich darstellen) und/oder die passiven, nach innen gerichteten Strebungen beziehen. Sich in bezug auf die aktiven Strebungen selbst zu übertreffen kann zum Beispiel heißen, hinter das Geheimnis eines mathematischen Lehrsatzes zu kommen, das noch von keinem Mathematiker der Welt gelöst worden ist. Der Psychoanalytiker kann in einem solchen Falle sagen: „Hast du auch an die Gefahren gedacht, die dieses oder jenes mit sich bringt, an die Verantwortung, die du für dein Handeln hast, und an die Konsequenzen dieser Verantwortung?"

Wenn man sich als Frau die Probleme eines männlichen Jugendlichen außerhalb einer psychotherapeutischen Beziehung anhört, muß man ihm immer sagen: „Ich war kein Junge. Ich glaube nicht, daß ich dir wirklich helfen kann. Du kannst mit mir sprechen, aber wirklich helfen kann ich dir nicht. Man muß ein Junge gewesen sein, um die Schwierigkeiten eines Jungen zu verstehen." Wir Frauen können Mädchen verstehen, aber man kann sehr wohl auch zu einem Mädchen, das ein ganz anderer Typ ist als man selbst, sagen: „Weißt du, ich bin ganz anders als du. Du hast Vertrauen zu mir, das ist in Ordnung, aber helfen kann ich dir nicht."

Ich spreche zu Ihnen über Erziehung, nicht über psychoanalytische Therapie, denn dort haben wir nichts zu sagen, überhaupt nichts – aber das gehört nicht hierher. Ich spreche von den Menschen, die Jugendliche sich als

Erzieher, als annehmbare Gesprächspartner aussuchen, in einer Lebensphase, in der die Eltern keinen Pfifferling mehr wert sind. Sie müssen also andere Erwachsene finden als die Eltern. Es gibt immer Erwachsene, Männer oder Frauen, die nichts lieber tun, als Jugendliche in ihre sportlichen Aktivitäten mit einzubeziehen oder sie zu sich nach Hause einzuladen, wo sie sich dann ganz nach ihren Neigungen entfalten können. Es gibt Menschen, die Jugendliche mögen. Das heißt nicht, daß sie deshalb pervers sind, und es ist klar, daß man solche Kontakte nicht verhindern darf. Es kann sich dabei um ein gesundes Miteinander verschiedener Generationen handeln.

Wenn ein Jugendlicher mit einem Erwachsenen spricht — ein Junge vielleicht mit einer Frau, ein Mädchen mit einem Mann —, dann ist es wichtig, ihm zu sagen: „Ich war nie eine Frau, deshalb kann ich dir keinen Rat geben, aber es war ein guter Entschluß von dir, mit mir darüber zu sprechen. Du könntest vielleicht zu diesem oder jenem Therapeuten/jener Therapeutin gehen. Ich glaube, du brauchst das."

Möglicherweise begreift der Jugendliche von diesem Moment an, daß er/sie bei diesem Erwachsenen eine Psychotherapie machen sollte. Aber man macht nicht gleich eine Psychotherapie, nur weil man mit jemandem gesprochen hat. Man darf den Jugendlichen auch nicht festnageln, indem man ihm sagt, er solle eine Psychoanalyse oder eine Therapie machen, denn für ihn ist das, was er tut und fühlt, Teil seines Lebens, er fühlt sich nicht krank, und er ist auch nicht krank. Man kann sagen: „Du solltest mit jemandem sprechen, der Erfahrung hat. Das ist besser für dich, als mit mir zu sprechen, weil ich deine Probleme doch nicht ganz verstehen kann, denn das ist nicht mein Beruf. Ich kann dir nur helfen, jemanden zu finden, der das besser kann. Mir fehlt die Kompetenz, das, was du jetzt gerade durchlebst, tiefer zu verstehen." Es ist gut, wenn der Jugendliche in diesem Fall mehrere Bezugspunkte hat.

Es gibt also einen Menschen, der sich um ihn kümmert. Man geht, zusammen mit der ganzen Clique, zu ihr/ihm hin, ohne kritisches Urteilsvermögen, ganz nach dem affektiven Muster: „Das ist wirklich ein ganz toller, außergewöhnlicher Typ." Solche Menschen ziehen Jugendliche an. Leider haben Jugendliche nicht die Möglichkeit, irgendwo hinzugehen, ohne Geld auszugeben. Die Schulen sind geschlossen, wo doch gerade die Schule ein Ort sein müßte, der den Jugendlichen immer offensteht – und zwar nicht unter der Obhut der Lehrer, sondern im Beisein von Erziehern, die über die Räume verfügen können, so daß die Schüler der Schule dort jederzeit ein Zuhause finden. Da das nicht so ist, suchen sich die Jugendlichen Menschen, bei denen sie sich treffen können, bei denen sie Unterstützung finden. Sie suchen sich jemand aus, der nicht zu ihrer Clique gehört, jemand, zu dem sie gehen können und auf den sie Gefühle, die man den Eltern gegenüber empfindet, übertragen können, wie auf einen Onkel oder eine Tante. Das kann die Sozialarbeiterin oder die Krankenschwester der Schule sein.

Die Schulkrankenschwester kommt häufig in diese Rolle: Man hat Kopfschmerzen, man somatisiert, jeder in seiner Art, weil man sich langweilt, weil man ein Problem hat oder Liebeskummer – der Freund macht einer anderen schöne Augen oder die Freundin will einen verlassen, das macht einem Kopfschmerzen. Der Lehrer schickt einen ins Krankenzimmer, und dort ist die Krankenschwester.

Diese Krankenschwestern verstehen die Jugendlichen. Sie sind genau die Art von Menschen, von denen ich spreche. Sie gehören nicht zur Clique, sie sind Vertrauenspersonen. Nun sind es genau diese Vertrauenspersonen, die sich oft Sorgen machen, ob zu Recht oder zu Unrecht, und denen das, was die Jugendlichen erzählen, manchmal Ängste verursacht. Sie überlegen, was zu tun ist, sie fragen sich, ob die Eltern wirklich so sind, wie der Jugendliche es ihnen erzählt, ob das Mädchen wirklich auf der Straße steht, ob sie wirklich mit diesem Kuppler schlafen muß... usw.

Es ist sehr wichtig, daß diese erwachsene Vertrauensperson sagen kann: „Du solltest mit jemandem darüber sprechen, dessen Beruf es ist, solche Gespräche zu führen. Denn meine Jugendzeit war zwar auch eine schwierige Zeit, wie bei jedem anderen auch, aber solche Geschichten wie du habe ich nicht durchgemacht. Es war richtig, daß du mir davon erzählt hast, aber sprich doch mal mit diesem oder jenen Therapeuten darüber. Der versteht das besser. Zu mir kannst du trotzdem weiterhin kommen." Es ist wichtig, dem Jugendlichen das anzubieten. Zugleich müssen Sie ihm, wenn er bei einem Psychologen gewesen ist, helfen, nicht über die Sitzungen zu sprechen. Er wird Ihnen nämlich davon erzählen wollen. Sie können dann sagen: „Ich habe dir geraten, dorthin zu gehen. Sonst wärst du nicht hingegangen. Jetzt, da du hingegangen bist, sprich nicht mit mir darüber, was zwischen euch beiden vorgegangen ist. Wir können miteinander reden, aber wie es bei dem Psychologen oder der Psychologin war, das behalte für dich. Ich spreche mit dir aus Freundschaft. Der Psychologe oder die Psychologin spricht mit dir, weil es sein/ihr Beruf ist."

Darüber hinaus gibt es noch eine zweite goldene Regel: Wenn dieser Jugendliche, den Sie zum Psychologen geschickt haben und der Ihr Vertrauen besitzt, zu Ihnen zurückkommt und Ihnen dennoch unbedingt von seinem Gespräch mit dem Psychologen erzählen will, dann verbieten Sie ihm nicht einfach das Wort, aber distanzieren Sie sich innerlich von dem, was er Ihnen sagt. Das hat keinerlei Bedeutung, es hat nichts mit seiner Beziehung zu Ihnen zu tun. Halten Sie diese Beziehung aufrecht, doch beschäftigen Sie sich nicht mit seiner negativen Übertragungsbeziehung. Fast immer wird der Jugendliche zu Ihnen kommen und sagen: „Was ist denn das für ein Trottel!" oder „Zu was für einer blöden Gans hast du mich denn da geschickt!" usw. „Gut", sagen Sie, „aber ob sie nun eine blöde Gans ist oder nicht, geh wieder zu ihr hin. Sie ist nämlich eine Professionelle. Geh wieder hin, und hinterher kannst du mir ja davon erzählen, wenn du willst." So also sollte man mit ihm sprechen, sofern er sich negativ äußert. Denn andernfalls, wenn dieser Jugendliche zurückkommt und Sie ihm allzu wohlwollend zuhören, ist der Beginn der Behandlung auch schon ihr Ende. Sie müssen ihm sagen: „Ich will nicht, daß du mit mir darüber sprichst. Laß uns von was anderem sprechen. Da du jetzt jemanden hast, dem du deine Phantasien anvertrauen kannst, erzähl mir lieber von Dingen, die deine Realität betreffen." Sehen Sie, mit Ihnen als Erzieher können und sollen die Jugendlichen über ihre Realität sprechen, nicht aber über ihre Phantasien.

Es ist schwierig, mit Heranwachsenden umzugehen. Und ich spüre, daß ich eigene Erfahrungen in Ihnen wachrufe, wenn ich über dieses Thema zu Ihnen spreche. Ich sage Ihnen nichts anderes, als was Sie selbst schon gewußt haben. Ich renne offene Türen ein, aber ich glaube, man muß sich diese Dinge sagen, wenn man unter sich ist, und leider traut man sich oft nicht, so einfache Dinge auszusprechen. Ich bin sicher, daß Sie von mir ganz außerordentliche Erkenntnisse erwartet haben, aber außer meiner Erfahrung und meiner großen Bewunderung für Erzieher ganz allgemein habe ich Ihnen nichts Außergewöhnliches anzubieten.

Gerade weil der Psychoanalytiker sich nicht mit Dingen aus dem realen Leben des Jugendlichen befaßt, ist es für diesen unbedingt wichtig, daß er im alltäglichen Leben Erziehern begegnet, denen er vertraut. Für die Belange des realen Lebens ist der Analytiker nicht zuständig. Sein Beruf ist es zu hören, was in dem Jugendlichen an Gefühlen und Vorstellungen im Blick auf die Beziehung zu seinen Eltern während der vorangegangenen, sprich der ödipalen Krise wieder erwacht.

Wandlung durch Krise, Wandlung durch Annehmen des eigenen Geschlechts zwischen dem dritten und fünften Lebensjahr entsprechend dem Vorbild, welches der gleichgeschlechtliche Elternteil einem in der Familie gab, und auch entsprechend den Schwierigkeiten, wie sie aufgrund von ganz persönlichen Erlebnissen zwischen dem Kind und seinen Eltern aufgetaucht sind: das ist es, worauf der Analytiker achtet. Und tatsächlich mildert er, indem er zuhört und diese Vergangenheit zu Wort kommt, den Druck der verdrängten Triebe. Doch das ist keine Hilfe für den Alltag. Im Alltag lassen sich Schwierigkeiten, die man durchstehen muß, nicht vermeiden, denn die Adoleszenz ist kein Spaß, weder für die Jugendlichen selber noch für diejenigen, die sie lieben und für sie verantwortlich sind.

Nun will ich Ihnen noch ein paar Worte über die Besonder-heiten der Psychotherapie mit Jugendlichen sagen. Es wird Sie vielleicht erstaunen, wenn ich Ihnen sage, daß der Jugendliche, Junge oder Mädchen, zur Psychothera-pie selbst motiviert sein muß — und zwar gilt das für jede Form der Psychotherapie —, auch wenn er nicht von sich aus gekommen ist, das heißt, von jemandem geschickt wurde, zu dem er Vertrauen hat. Die Arbeit eines Psycho-analytikers besteht zunächst darin, die Motivation des Jugendlichen zu entwickeln — aber im Grund ist das in jedem Lebensalter notwendig.

Die Psychotherapie beginnt erst, wenn das Individuum selbst beschlossen hat, an seinem Leben etwas zu ändern, und dafür auch die Verantwortung übernimmt. Deshalb bin ich froh, daß es so viele Einrichtungen gibt, wo die Jugendlichen unentgeltlich hingehen können und die auch Erwachsene in Behandlung nehmen. Leider schik-ken die Eltern oft ihre kleinen Kinder zur Therapie, wäh-rend eigentlich sie selbst sich aussprechen müßten, damit ihr Kind gesund werden kann oder, besser gesagt, nicht mehr krank spielen muß.

Glücklicherweise öffnen die einzelnen Beratungsstellen der CMPP ihre Türen jetzt auch für die Eltern, doch treten sie dort nur in ihrer Eigenschaft als Eltern auf, nicht als gestörte und behandlungsbedürftige Erwachsene. Wenn sie kommen, um sich auszusprechen, müssen sie das unter dem Namen ihres Kindes tun. Das ist sehr schade.

Es müßte Orte geben, die sowohl Erwachsenen als auch Kindern für eine psychoanalytische oder eine andere psychotherapeutische Behandlung offenstehen, denn es gibt keinen Grund, in diesen Einrichtungen nur Kinder psychotherapeutisch zu behandeln. Daß die Behandlung für Kinder, deren Eltern nicht bezahlen können, kostenlos ist — einverstanden; daß aber die Behandlung für die Eltern nur dann kostenlos ist, wenn sie ihr Kind mitbringen, das eigentlich gar nicht behandlungsbedürftig ist, weil nämlich seine Störungen durch die Angst der Eltern verursacht sind — das ist schade. Die Eltern sind es, und nur sie, denen man zuhören müßte, und zwar nicht unter dem Vorwand, daß sie Eltern eines gestörten Kindes sind. Auf diese Weise wird das Ganze zu einem Spiel mit falschen Karten.

Doch für Heranwachsende sind diese Einrichtungen genau das richtige. Es muß Orte geben, wo die Jugendlichen hingehen können und die vom Staat bezahlt werden, und zwar angemessen. Dieser angemessene Geldbetrag müßte jedoch im Grunde genommen von den Jugendlichen selbst bezahlt werden — das heißt, sie sollten sich zuvor klargemacht haben, daß sie auch dann kämen, wenn es um ihr eigenes Geld ginge. Was wiederum heißt, sie bezahlen symbolisch, so wie es Kinder machen: „Wenn ich Geld hätte, würde ich es dir bezahlen." Da der Jugendliche, der zur Therapie kommt, aber schon fünfzehn Jahre alt ist, ein Alter, in dem man bereits Verantwortung gegenüber der Gesellschaft hat, muß er real bezahlen.

Wie aber kann ein Jugendlicher real bezahlen? Das ist schwierig. Wenn er bei seinen Eltern lebt und die Eltern einen Teil der Kosten übernehmen, dann wäre das so etwas wie eine Preisermäßigung. Wenn er in der Stadt lebt — denn ich spreche von den Beratungsstellen der CMPP, und die gibt es nur in den Städten —, kann man mit einem Jugendlichen nur arbeiten, wenn das Geld für seine Behandlung als Vorschuß auf seine Erbschaft betrachtet wird. Er muß ein Dokument unterzeichnen, was bereits wesentlicher Bestandteil der Therapie mit den Eltern oder dem Jugendlichen ist, und man sagt zu ihm: „Sie entscheiden selbst, wann Sie zu den Sitzungen kommen wollen, und Sie bezahlen auch selbst. Ihr Vater oder Ihre Mutter geben Ihnen einen offiziellen Vorschuß auf Ihr Erbe. Das ist schriftlich fixiert worden, und sowohl der Notar als auch Ihre Geschwister sind darüber informiert." Das wird offiziell ausgesprochen. Der Jugendliche hat Schulden, die von seinem Erbe abgezogen werden, wenn er sie nicht vor dem Tod des Vaters oder der Mutter an sie zurückbezahlt. Die Kosten der Analyse werden von dem abgezogen, was dem Jugendlichen nach dem Tod der Eltern zufällt. Natürlich ist das bei einem Einzelkind nicht sehr sinnvoll, denn ihm fällt sowieso alles zu. Trotzdem wird sein Erbe geschmälert: Der Jugendliche muß auch auf die Summe, die er seinen Eltern zu Lebzeiten nicht zurückbezahlt, Erbschaftssteuer entrichten, und wir sagen ihm, daß seine Analyse ihm nur dann etwas nützt, wenn er sie tatsächlich bezahlt.

Auf diese Weise begreifen die Eltern, daß der Jugendliche tatsächlich kein Geld mehr von ihnen bekommen darf, sofern darüber nicht eine gemeinsame Übereinkunft getroffen wurde. In der Familie hilft man sich gegenseitig, wenn es zum beiderseitigen Vorteil ist. Sobald jedoch die Kindheit vorbei ist, dürfen der Sohn oder die Tochter nicht mehr einseitig von den Eltern unterstützt werden. Es ist sehr wichtig, daß die Eltern es spüren, wenn der junge Mensch sich von der Familie lösen will. Man müßte ihnen sagen: „Wenn Sie Ihrem Kind helfen wollen, dann heben Sie das Geld auf für die Zeit, wo der Jugendliche, der Sohn oder die Tochter, anfängt, sich irgendwo niederzulassen und vielleicht selbst eine Familie zu gründen, aber hören Sie auf, jetzt weiterhin für seinen Unterhalt aufzukommen — jetzt, da er oder sie das erreichte Entwicklungsstadium innerlich akzeptieren muß." Für die Jugendlichen von heute ist die Loslösung von den Eltern so etwas wie die Quadratur des Kreises, weil sie ihren Lebensunterhalt nicht selbst verdienen können. Und es betrübt mich, das zu sehen. Wenn es jemand auf sich nimmt, durch eigene Arbeit, Babysitting oder ähnliches, das Geld für die Sitzungen selbst zu verdienen, muß er es nicht von seinen Eltern leihen, und das ist viel besser.

Ich habe auch schon Jugendliche behandelt, deren Eltern die Behandlung zwar nicht ablehnten, sich aber weigerten, dafür aufzukommen — es gab damals noch keine kostenlosen Einrichtungen für Jugendliche, wie wir sie heute haben. Mit ihnen habe ich auf „Ehrenschulden" gearbeitet. Man darf einem Jugendlichen auch nie einen niedrigeren Preis machen, weil er dann nicht zu einem anderen Psychoanalytiker gehen kann. Das ist, als würde man zu ihm sagen: „Da ich Ihnen diesen niedrigen Preis mache, kann nur ich mit Ihnen arbeiten." Wenn der Jugendliche jedoch den von Therapeuten der gleichen Schulrichtung üblicherweise geforderten Preis bezahlt, kann man zu ihm sagen: „Sie sind völlig im Recht, wenn Sie zu einem anderen Psychoanalytiker gehen wollen. Die Psychoanalyse geht weiter, auch wenn Sie mich sitzenlassen." Denn manche Jugendliche brauchen es, daß sie Sie in dieser Weise auf die Probe stellen können. Sie wiederholen mit Ihnen etwas, das sie in der Beziehung zu den Eltern bereits durchlebt haben: nämlich die Entlastung, die sie den Eltern erteilt haben.

Ich weiß nicht, warum so viele Leute die dumme Vorstellung haben, man müsse seine Analyse ausschließlich bei ein und demselben Analytiker machen. Das ist nicht wahr. Denn derjenige, der klarsichtig wird, der Psychoanalytiker also, steckt in dem Klienten selbst, in dem Menschen nämlich, der eine Analyse macht. Und der Psychoanalytiker, der bezahlt wird, dient nur dazu, diesen inneren Psychoanalytiker wachzurufen. Solange die Psychoanalyse nur fortgeführt wird, ist es völlig unwichtig, ob man von einem Analytiker zum anderen wechselt. Denn jeder ist sein eigener Psychoanalytiker und reagiert mit seinen eigenen inneren Schwingungen auf die verschiedenen Psychoanalytiker von außen.

Man darf einen Jugendlichen also nicht an sich binden, indem man ihn unentgeltlich behandelt, ihm den Hof macht und ihn glauben macht, man sei der einzige Mensch, der ihn versteht. Vor allem muß man sofort seine Übertragung analysieren: „Sie selbst sind es, der oder die für sich sorgt, indem Sie zu mir hierherkommen. Ich bin lediglich dazu da, Ihnen zu helfen, daß Sie klarsichtig werden. Sie werden meine Hilfe vielleicht nicht einmal brauchen, wenn Sie im Verlauf der Sitzungen zu begreifen anfangen, was in Ihnen vorgeht."

Aber ob man ihnen das nun sagt oder nicht (manchmal ist es angebracht, es auszusprechen) — man muß wissen, daß Psychotherapie bei Jugendlichen fast immer schweigend verläuft. Man muß vierzig Minuten des Schweigens ertragen können. Sie kommen immer pünktlich und sagen dann kein Wort. Sie sind da, und man hält dieses Schweigen aus, wenn man begreift, wie wichtig es für sie ist, nichts sagen zu müssen. Von Zeit zu Zeit wird ihnen bewußt, daß sie nur schweigen, und wenn sie eine positive

Übertragung haben, sagen sie zu Ihnen: „Sie vergeuden Ihre Zeit mit mir." — „Nein, Sie bezahlen mich ja. Und es kommt nicht auf die Zahl der Wörter an, die gesprochen worden sind. Das Wichtige ist, daß Sie hier bei sich selbst sind." „Ja, aber ich denke an nichts." — „Manchmal ist man bei sich selbst, wenn man nichts denkt."

Nun, es ist eine Geburt, genau das ist es. Die Worte von früher nützen ihnen nichts. Sie haben nur noch zur Hälfte Sinn, weil es Kinderworte sind. Alles verändert sich, selbst die Bedeutung der Gefühle ist nicht mehr die gleiche. Es gibt bei Heranwachsenden ein ganz spezielles Schamgefühl, aber es ist im Grunde kein Schamgefühl, weil alles erotisiert ist. Sie können nichts sagen, ohne daß sich mit einem Mal alles auf der gleichen Ebene bewegt. Das gesprochene Wort bietet für sie keine Nuancen mehr. Sie können sich Musik ausdenken, sie können sich Rhythmen ausdenken. Wenn es aber um Sprache geht, müssen sie Worte benutzen, die, bevor sie deren allgemeine Bedeutung unbewußt verstanden haben, von anderen benutzt wurden. Und diese Worte sind untauglich. Worte sind auch Fallen. Es ist gut, wenn man das weiß. Das Wesentliche in einer Psychotherapie mit Jugendlichen ereignet sich schweigend. Wer das nur schlecht erträgt, leidet im Umgang mit Jugendlichen. Solche Therapeuten glauben, der Jugendliche mache sich über sie lustig, indem er kommt und nichts sagt. Sie glauben, er verstecke etwas vor ihnen. Unbewußt machen sie dem Jugendlichen damit Angst. Man darf auf keinen Fall wissen, was ein Jugendlicher denkt, bevor er es nicht selbst weiß. Man darf ihn nicht ausspionieren, man darf nicht erraten oder intuitiv gespürt haben, was er denkt. Man muß ihm nur zur Verfügung stehen und Geduld haben — ja, Geduld haben.

Während man bei einem Kind aus seinem Verhalten schließen kann, was es selbst nicht in Worten auszudrücken vermag, muß man wissen, daß hinter den Worten eines Jugendlichen etwas anderes steht, daß diese Worte hohl sind, daß sie etwas anderes sind, als was er lebt. Wenn er nichts sagt, ist das genauso gut, wie wenn er etwas sagen würde, vorausgesetzt, er hat Geduld und er weiß, daß es sein Unbewußtes ist, das jetzt arbeitet, und nicht sein Verstand.

Sie sagen also zu ihm: „Kommen Sie pünktlich. Ich lasse Ihnen die Zeit, die Sie brauchen. Machen Sie sich keine Sorgen über dieses Schweigen." Auch wenn man es nicht ausspricht, muß man diese Haltung einnehmen. Und ich versichere Ihnen, Sie werden dafür reichlich entschädigt werden. Denn nach fünfzehn bis zwanzig schweigend verbrachten Sitzungen werden Sie von Dritten erfahren, daß dieser Jugendliche, dem alles piepegal war, der Drogen genommen hat usw. – daß dieser Jugendliche nun diese oder jene Prüfung bestanden hat, daß er regelmäßig zur Schule geht, sehr gut schläft. Alles, was sein körperliches oder soziales Wohlbefinden gestört hat, ist wieder in Ordnung gekommen, ohne daß er darüber etwas hätte sagen wollen oder auch nur daran gedacht hätte, Ihnen etwas davon zu sagen. Manchmal sagt ein solcher Jugendlicher vor Beginn der Ferien zu Ihnen: „Nach den Ferien komme ich wieder." Je nachdem, was Sie davon halten, antworten Sie: „Ja, gut." Nach den Ferien wird er sagen: „Das hat mir so sehr geholfen." Und er oder sie wird Ihnen alles erzählen, was er hingekriegt hat. Das ganze Schuljahr über konnten Sie sich das absolut nicht vorstellen. Er kam regelmäßig und pünktlich und bezahlte – wenn es eine Einrichtung war, die unentgeltliche Behandlungen anbot

— den symbolischen Preis von fünf Centimes. Es ist nicht leicht, ein Fünf-Centimes-Stück aufzutreiben, man muß sich schon Mühe geben: nicht ein Ein-Franc-Stück, das wäre zu leicht; fünf Centimes und nichts anderes. Wenn der Jugendliche jedes Mal zuverlässig damit ankommt, ist das ein Beweis dafür, daß eine Übertragung stattgefunden hat und daß der Analytiker in ihm arbeitet, ohne daß er es in Worten auszudrücken vermag. Die Adoleszenz ist ganz und gar nicht das Lebensalter, in dem man Worte braucht, um die Dinge zu sagen. Man muß es ertragen, keine Worte zu haben, die sagen könnten, was da alles passiert: eine Wandlung, die sich leichter vollzieht, wenn es einen Menschen gibt, der bereit ist, Zeuge dieser sprachlichen Unsicherheit zu sein, in einer Zeit, in der man so vieles durchlebt, das sich nicht mehr in den Worten und der Sprache der Kinderzeit zum Ausdruck bringen läßt.

Es kann auch vorkommen, daß Jugendliche in Zustände des Deliriums verfallen. Man sollte sich deswegen auf keinen Fall Sorgen machen und etwa glauben, es handle sich hier um eine beginnende Schizophrenie. Wenn eine Übertragung zustande gekommen ist, kann man ganz beruhigt sein. Man muß den Mut haben, solche Phasen scheinbarer Zerstörung auszuhalten, die sich im übrigen manchmal voraussagen lassen anhand von Zeichnungen, die in alle Richtungen weisen, bei denen es kein Oben und Unten gibt und die nur verschwommene Darstellungen zeigen: Landschaftsfetzen, Autos, die alle in eine Richtung fahren, Flugzeuge unten am Boden. Sie schauen den Jugendlichen beim Zeichnen zu, wie sie unentschlossen Blatt für Blatt vollkritzeln, um sich irgendwie zu beschäftigen. Sie sind da, kommen immer pünktlich, bringen

Ihnen ihr symbolisches Honorar und gehen wieder, manchmal schüchtern, dann von Mal zu Mal weniger schüchtern. Das ist für den Psychoanalytiker das einzig Sichtbare, ihre immer sicherer werdende Art beim Weggehen.

Man darf sich nicht beunruhigen, wenn es wirklich zu einem vorübergehenden Delirium kommt. Man muß den Jugendlichen dann im Krankenhaus aufsuchen, und zwar an dem Tag, an dem er seine Sitzung hätte, falls er regelmäßige Termine hat. Man muß hingehen, nur um bei ihm zu sein. Manchmal wird man von den Pflegern beschimpft — das ist mir passiert, als ich noch jung war —, manchmal auch von den Krankenhausärzten, die zu einem sagen: „Mit einem Jugendlichen macht man keine Psychoanalyse."

Das war das Lebensalter, in dem man angeblich keine Analyse machen konnte. Warum? Es ist ein sehr günstiger Moment für eine Analyse, vorausgesetzt, man verlangt nicht von den Jugendlichen, daß sie sprechen, sondern verlangt nur, daß sie kommen. Man muß für sie dasein, auch für das, was sie zu sagen haben, wenn sie etwas zu sagen haben.

Nun, bei denjenigen, deren Übertragung gefestigt ist, verschwinden diese Anwandlungen von Delirium wieder. Das habe ich sogar schon bei ziemlich schweren Fällen von verlängerter Adoleszenz erlebt. Ich sage „verlängert", weil ich von der Adoleszenz im staatsbürgerlichen Sinne spreche. In der Psychoanalyse haben wir es jedoch mit jungen Erwachsenen zu tun, deren Störungen aus einer verdrängten Adoleszenz kommen, die sie nicht wirklich durchlebt haben, die sie aber durchleben müssen, bevor sie erwachsen werden können.

Leider hält man sie aufgrund ihres Alters manchmal für erwachsen. Sie haben zum Beispiel das Wagnis unternommen zu heiraten, nur aus dem Grund, weil ein Freund geheiratet hat. Also warum nicht die Freundin der Frau des Freundes? Man geht mit ihr aus, verlobt sich mit ihr, und dann heiratet man sie. Das ist das Drama. Sie ist schwanger. Nun schläft man lieber im Auto, als mit ihr zu schlafen. Denn das macht schreckliche Angst, das hätte nicht passieren dürfen. „Das war nicht geplant." Der Jugendliche, der nicht an die Konsequenzen seiner Handlungen denkt, heiratet und schläft mit einer Frau, aber die Frau darf kein Kind bekommen. Denn wenn sie ein Kind hat, hört er auf zu existieren, verliert er seine Identität.

In dem Moment, wo ihr erstes Kind geboren wird, kann es bei Jungverheirateten zum Ausbruch einer Pseudo-Schizophrenie kommen und natürlich zur Scheidung, die unvermeidlich ist, weil keine psychoanalytische Arbeit möglich ist. Sie haben einfach keine Zeit dafür. Sie müssen diese Frau zurückweisen, ganz einfach deshalb, weil sie die Rolle der frühen Mutter einnimmt. Sie haben im Zustand der Adoleszenz geheiratet, im Augenblick der Leidenschaft ihrer ersten jugendlichen Liebe, einer ganz und gar unreifen Liebe, die immer eine kombinierte Übertragung ist, sowohl mit homosexuellen als auch mit heterosexuellen Anteilen. Sie haben jemandem die Freundin ausgespannt (oder den Freund, wenn es ein Mädchen ist). Das ist wie ein in Erfüllung gegangener ödipaler Wunsch, alles passiert durch Übertragung auf einen Freund und auf die Freundin des Freundes und auf die Freundin der Freundin des Freundes. Da ist keine bewußte Entscheidung im Spiel, das hat nichts mit der Psychologie der beiden Verliebten als „Personen" zu tun.

Sie sind Träger der ödipalen Rollen des Vaters und der Mutter, es geht um den Konflikt besitzergreifender Liebe und der Rivalität in der Liebe. Diese beiden jungen Leute haben nichts, was sie einander näher bringen könnte, denn ihre Beziehung beruht zu neunzig Prozent auf Übertragung und nicht auf Liebe. Nun, wir müssen mit vielen solchen Leuten arbeiten. Wenn in einer solchen Ehe unglücklicherweise Kinder geboren werden, dann haben sie manchen Ärger zu erwarten. Aber letztlich haben auch sie das Risiko auf sich genommen: Sie wollten schließlich geboren werden! Natürlich muß man sich um sie kümmern. Aber nichtsdestoweniger sind solche Eheabenteuer unerquicklich. Man merkt im Laufe der Behandlung dieser Menschen bzw. des Kindes, das aus einer solchen gescheiterten Beziehung hervorgegangen ist, daß man es mit dem Problem der nicht gelebten Adoleszenz zu tun hat; die Adoleszenz ist hinausgezögert worden, indem die der Pubertät inhärenten Wünsche verdrängt worden sind.

Ich glaube, wir werden heutzutage noch viele solcher Fälle erleben, weil die Jugendlichen nicht von zu Hause weggehen können und ihren Eltern allzu lange auf der Tasche liegen oder zumindest von ihnen unterstützt werden müssen, einfach weil sie keine Arbeit finden. Es ist keine Schande, wenn man keine Arbeit findet; dieses Los kann jedermann treffen.

Ein Mensch voller Leben und Vitalität, voller Möglichkeiten und Hoffnungen, der nicht arbeiten kann, muß zwangsläufig passive Triebe entwickeln; wenn nicht, wird er kriminell. Und diejenigen, die nicht aktiv kriminell werden, schaden sich selbst durch eine passive Delinquenz: Sie suchen nach Gefühlsabenteuern, die den Nachbarn nicht stören, und das sind Drogen und Alkohol. Diese Versuchungen erweisen sich für Jugendliche, die zu lange von der Unterstützung ihrer Familie abhängig sind, als Falle, in die ihr Begehren sie gelockt hat.

So, nun habe ich alles gesagt, was ich Ihnen sagen wollte.

# JUGENDLICHE UND IHRE RECHTE

## LUDWIG SALGO

*„Ihr wollt immer nur unser Bestes, aber ihr bekommt es nicht!"*

*(Berliner Graffito)*

*„Ob sie es wissen oder nicht, fast immer bestimmt die Angst die Argumentationsweise der Erwachsenen... Die Angst trennt die Jugendlichen von den Erwachsenen... Unsere Gesellschaft hält uns lange in kindlicher Abhängigkeit, statt die schöpferische Kraft der Jugend zu unterstützen."*

*(Dolto)*

### Vorbemerkung

Die französische Originalausgabe dieses Buches enthält eine Übersicht der für Jugendliche wichtigen gesetzlichen Regelungen. Da ein Überblick über die französische Rechtslage Jugendlichen in Deutschland wenig nützt — obwohl ein Vergleich der Rechte Jugendlicher in Deutschland und Frankreich ein interessantes Unternehmen wäre —, wird hier zunächst einmal eine kurze Darstellung der Entwicklungstendenzen des Kinder und Jugendliche betreffenden Rechts gegeben (Teil 1). Dieser Teil richtet sich in erster Linie an Erwachsene wie Eltern, Lehrer,

Sozialarbeiter, Erzieher etc. Aber auch für Jugendliche könnte es wichtig sein zu wissen, welche Entwicklungstendenzen im Kindschafts- und Jugendrecht sich abzeichnen. Es handelt sich um ein Rechtsgebiet, welches in diesem Jahrhundert – dem „Jahrhundert des Kindes" – von enormen, alles andere als abgeschlossenen Veränderungen bestimmt war.

Im Anschluß daran werden einige, wenn auch längst nicht alle für Jugendliche wichtige Rechtsgebiete kurz dargestellt. Dieser Teil (Teil 2) kann und will nicht die Beratung durch Fachkundige oder auch den Blick in einen der Rechtsratgeber für Kinder und Jugendliche ersetzen.

Auffallenderweise spricht das Gesetz meistens vom „Kind" oder von „Kindern", obwohl damit häufig auch Jugendliche gemeint sind. Nur in einigen Bereichen gibt es für „Jugendliche" besondere Regelungen, die sich von denen für „Kinder" unterscheiden.

Schließlich drucken wir wesentliche Teile des *Übereinkommens über die Rechte des Kindes* ab, und zwar in der Fassung, wie dieses für Kinder und Jugendliche außerordentlich wichtige Dokument von der Generalversammlung der *Vereinten Nationen* am 20. November 1989 nach einer über zehnjährigen Beratung verabschiedet worden ist. Damit dieses Übereinkommen auch bei uns gültiges Recht wird, muß es von der Bundesrepublik Deutschland ratifiziert werden, das heißt, der Deutsche Bundestag muß – wie bei Bundesgesetzen – seine Zustimmung zu diesem Übereinkommen geben. Zwar ist dies bislang nicht geschehen, aber es ist damit in absehbarer Zeit zu rechnen, auch wenn es vielleicht über den einen oder anderen Punkt noch „heiße" Debatten geben wird. Wir wollen den Jugendlichen den Wortlaut dieses bedeutenden völkerrechtlichen Übereinkommens nicht vorenthalten, damit die Verwirklichung der darin festgelegten Standards auch von ihnen selbst vorangetrieben werden kann.

## Entwicklungstendenzen im Jugendrecht

In der Präambel zur Erklärung der Rechte des Kindes durch die Vereinten Nationen von 1989 heißt es: „Die Menschheit ist verpflichtet, dem Kind das Beste zu bieten." Die radikalste Kritik an der Nichteinhaltung dieses Versprechens, aber auch an der Ambivalenz des traditionellen Kinder- und Jugendschutzes findet sich in einem Berliner Graffito: „Ihr wollt immer nur unser Bestes, aber ihr bekommt es nicht." Die Erkenntnis, daß auch und gerade rechtlicher, aber überbehütender Kinder- und Jugendschutz genau das, was er schützen will, auch erheblichen Einengungen unterwirft, ist bei „Kinderschützern" und „Kinderrechtlern" mittlerweile zum Allgemeingut geworden.

### Gleiches Recht für Minderjährige wie für Erwachsene?

Im Kontext der Studenten- und Jugendbewegungen der sechziger und siebziger Jahre glaubten einige sogenannte „kiddy libbers" („Kinderbefreier") wie Cohen, Farson und Holt die Lebenssituation von Kindern und Jugendlichen wesentlich verbessern zu können, indem sie sich vehement für die völlige Gleichbehandlung von Kindern und Erwachsenen, für die „Befreiung der Kinder", stark machten. Dies gipfelte etwa in der Forderung nach einem

Wahlrecht für Kinder ohne jegliche Altersbeschränkung, auch in der Forderung nach sexueller Betätigungsfreiheit schon im frühesten Kindesalter.

Solche Forderungen waren nicht frei von Zynismen: So wurde die Wahlrechtsforderung damit begründet, daß auch die Mehrheit der Erwachsenen kaum besser in der Lage sei, zwischen Parteien, Kandidaten und Wahlprogrammen zu unterscheiden, als Kinder.

Sicherlich sind von der „Kinderrechtsbewegung" viele Impulse ausgegangen, ihre radikalen Forderungen sind jedoch nirgends umgesetzt worden, denn Erwachsene und Kinder sind nun einmal nicht gleich. Eine formale Gleichberechtigung, das heißt, eine Gleichbehandlung von Kindern und Jugendlichen mit Erwachsenen verschleiert die tatsächlichen Unterschiede und mißachtet anthropologische Gegebenheiten. Wir würden Kindern und Jugendlichen einen schlechten Dienst erweisen, wenn wir ihnen dieselben Rechte und Pflichten auferlegen würden wie Erwachsenen. Sie würden damit ihrer Privilegien und eines nur ihnen zugedachten Schutz- und Schonraumes beraubt. Der moderne Sozial- und Rechtsstaat darf Minderjährige nicht wie Erwachsene behandeln. Vielmehr kommt ihm eine besondere, verfassungsrechtlich fundierte Schutzpflicht zu, die sich unter besonderen Umständen gegen die Eltern des Minderjährigen, aber auch gegen staatliche Organe selbst richten kann. Sind also die verfassungsrechtlich geschützten Rechte von Kindern und Jugendlichen betroffen, so kann es nicht in erster Linie um die quantitative Frage nach mehr oder weniger Rechten gehen, sondern es geht immer auch um das Besondere des Kinder- und Jugendrechts. Hierzu gehört auch, daß der „Regelungsgegenstand", der hier ausgesprochen ist, sich permanent verändert, ein Umstand, der rechtliche Regelungen im Bereich des Kindes- und Jugendalters immer wieder erschwert.

Angesichts der subtilen oder offensichtlichen Formen der Ausbeutung von Minderjährigen, von denen manche in ihrem ganzen Ausmaß erst allmählich sichtbar werden, kann man einer undifferenzierten Gleichberechtigungsforderung nicht zustimmen. Kinder und Jugendliche wurden, wie die abendländische Rechtsgeschichte zeigt, häufig entweder wie *Sachen* oder aber *als Erwachsene* (im Arbeitsleben, bei „Auffälligkeiten") behandelt. Beide Extreme verfehlen die Lebenssituationen „Kindheit" und „Jugend". Allerdings wird angesichts der ungeheuren Veränderungen bei der Behandlung von Kindern und Jugendlichen im Verlauf der Menschheitsgeschichte auch deutlich, daß Begriffe wie „Kind" und „Kindheit" sowie „Jugend" und „Jugendalter" Fiktionen sind. Es geht nicht so sehr um die „Gleichberechtigung des Kindes" als um die Beachtung seiner Ebenbürtigkeit und seiner Menschenwürde oder – mit Janusz Korczak formuliert – um „das Recht des Kindes auf Achtung". Also nicht die Durchsetzung der Gleichberechtigungsforderung der sogenannten Kinderrechtsbewegung eröffnet eine neue Perspektive, sondern vielmehr die Entwicklung und Durchsetzung eines „autonomen kindschaftsrechtlichen Denkens" (Münder). Es gibt deutliche Anzeichen in der jüngeren nationalen und internationalen Familien- und Jugendrechtsentwicklung, daß die Rechtsordnungen zu solchen Differenzierungen tendieren. Ein sicherlich nur vorläufiger, aber dennoch sehr bedeutsamer Höhepunkt in der wachsenden Beachtung der Rechte von Kindern und Jugendlichen ist das auf S. 220 ff. im Auszug abgedruckte *Übereinkommen der Vereinten Nationen über die Rechte des Kindes* vom 20. November 1989.

**Hilft das Recht Jugendlichen?**

Juristen, also Rechtsanwälten, Richtern, Rechtswissenschaftlern usw., sind die Möglichkeiten und die Grenzen, die Chancen und die Gefahren rechtlicher Steuerung in dem sensiblen Verhältnis Eltern-Kind-Staat sehr wohl bewußt. Die Lebenssituation von Kindern und Jugendlichen innerhalb und außerhalb ihrer Familien, in Staat und Gesellschaft, wird von weit mehr als vom Recht, also von Gesetzen, Verordnungen, Verwaltungsvorschriften, Gerichtsentscheidungen und ähnlichem, bestimmt. Jedoch läßt sich anhand historischer Beispiele belegen, daß die Lebenslage von gesellschaftlich benachteiligten Gruppen – zu denen Kinder und Jugendliche zweifelsohne gehören – sich zunächst einmal ohne eine deutliche Verbesserung auch ihrer rechtlichen Situation nicht verändern läßt. Erst aus der vollen Anerkennung der Ebenbürtigkeit Minderjähriger in Familie, Staat und Gesellschaft können sich auch neue Chancen für einen respektvollen Umgang der Generationen untereinander ergeben. In Gesellschaften, in denen der Anspruch besteht, Schwächere – zu denen wir Kinder und Jugendliche zählen müssen – zu schützen, ist eine gesteigerte Aufmerksamkeit für diese Mitglieder der Gesellschaft geboten.

Weder die Eltern des Jugendlichen noch der Staat in der Funktion des staatlichen Wächteramtes sind davor gefeit, als Eltern bzw. als Staat elementare Rechte des Jugendlichen zu verletzen. Die Anerkennung der Notwendigkeit für einen Rechtsschutz zugunsten des Kindes sowohl in seinem Verhältnis zu den Eltern als auch in seinem Verhältnis zum Staat ist alles andere als eine Selbstverständlichkeit. Das Familienrecht steht erst am Anfang der Entdeckung auch der Person des Kindes und Jugendlichen, nachdem es zunächst, und auch dies erst nach langen Kämpfen, die Ehefrau als mit dem Ehemann gleichberechtigt anerkannt hat — was noch lange nicht mit einer Verwirklichung der Gleichberechtigung gleichzusetzen ist.

Diese Entwicklung wird erst möglich, seit die „Institution" Familie als aus einzelnen Mitgliedern — und dazu gehören nun auch das Kind und der Jugendliche — bestehend wahrgenommen wird. Die Interessen der einzelnen Familienmitglieder können in Gegensatz geraten. Sie sind alles andere als immer harmonisch. Nirgends liegen Glück und Unglück, Nähe und Distanz, Hoffnung und Haß, Himmel und Hölle so nahe beieinander wie in der Familie. Eine Intervention des Staates bei Krisen in der Familie ist sehr schwierig, und leider trifft man immer wieder auf die Erfahrung, daß der Staat mit seinen doch sehr grobschlächtigen Instrumenten aus einer ohnehin schon schlechten Situation eine noch schlechtere macht. Hieraus zu folgern, der Staat solle sich dann doch gefälligst heraushalten, wäre indessen sicherlich ein Fehlschluß.

Die justizielle Kontrolle und die Intervention in Eltern-Kind-Verhältnisse zugunsten Minderjähriger waren in den ersten zwei Jahrzehnten der Bundesrepublik noch stark von den Geschehnissen im Umgang mit der Justiz in den Jahren des Nationalsozialismus und vom Mißbrauch der

Familie unter diesem Regime bestimmt. Dies führte in der Praxis der Behörden und Gerichte dazu, daß eine aus heutiger Sicht nicht mehr nachvollziehbare Zurückhaltung bei anstehenden Interventionen ins Eltern-Kind-Verhältnis vorherrschte, selbst dann, wenn ein Kind oder Jugendlicher erheblichen Gefährdungen ausgesetzt war. Auf diese Weise haben auch in diesem Bereich die Schatten der Vergangenheit ihre Spuren hinterlassen und durch die, wenn auch wohlgemeinte Zurückhaltung der Interventionsinstanzen für Kinder und Jugendliche neues Leid zwar nicht geschaffen, aber doch zumindest nicht abgewendet –, was tatsächlich zu den Pflichtaufgaben der Behörden und Gerichte gehört. Anders lassen sich eine Vielzahl von Gerichtsentscheidungen aus diesen Jahren kaum erklären. Erst Ende der sechziger Jahre setzt eine stärkere Differenzierung und Sensibilisierung auch für die Belange von Kindern und Jugendlichen ein, eine Entwicklung, die mit dem Sorgerechtsgesetz von 1979 einen vorläufigen Abschluß gefunden hat, wenn auch die Fassung dieses Gesetzes viele, die an der über zehnjährigen Reformdebatte beteiligt waren, enttäuschen mußte.

### „Wir wollen nur dein Bestes!"

Inzwischen finden wir eine Vielzahl von Bestimmungen und Gerichtsentscheidungen, die immer wieder auf den „Vorrang des Kindeswohls" verweisen. Nur: Was ist das „Wohl des Kindes"? Die Antwort auf diese Frage ist nichts weniger als die Antwort auf die Frage nach dem Sinn und Zweck und den Werten des Lebens.

Da es sich hier um einen in hohem Grade wertbehafteten Bereich handelt, ist die Reformdiskussion um das Kindschaftsrecht in vielen Ländern u.a. von der Frage bestimmt, ob nicht der Gesetzgeber selbst so eindeutig wie nur möglich einerseits die Interventionsvoraussetzungen (ob, wer, wann, wie lange usw.) festzulegen hat, und andererseits auch – notfalls einklagbare – Rechtsansprüche des Minderjährigen im Jugendhilferecht verankern muß. Diese Fragen bestimmten auch die aktuelle rechtspolitische Auseinandersetzung um ein neues Jugendhilferecht.

Zu den hier sich deutlich abzeichnenden sozialpolitischen Strategien gehört neben den Tendenzen zur Spezifizierung der kindschaftsrechtlichen Generalklausel („Kindeswohl") die Absicht, die Qualität und Quantität der Intervention zu verändern („Hilfe vor Eingriff"). Dies geschieht einerseits durch den Ausbau der Prävention, andererseits durch die Einbeziehung von Fachleuten auf der behördlichen und richterlichen Ebene. In den gerichtsförmig ausgetragenen Verfahren um die Rechte Minderjähriger findet sich eine erhebliche Veränderung zugunsten des minderjährigen Verfahrensbeteiligten. Die Verpflichtung zur richterlichen Kindesanhörung (§ 50b FGG) stößt aus verständlichen Gründen auf Widerstand. Die dafür erforderliche und zugesagte Qualifizierung der Richter blieb weitgehend aus. Haben sich Familien- und Vormundschaftsrichter dennoch hierfür – weitgehend in eigener Initiative – qualifiziert, so sind die Ergebnisse ihrer Anhörungspraxis ermutigend.

Eine andere Entwicklung im Bereich der verfahrensrechtlichen Stellung Minderjähriger erhält starke Impulse durch die Rechtsprechung des Bundesverfassungsgerichts: Das Gericht fordert bei erheblicher Interessenkollision zwischen dem Kind und seinen Eltern bzw. einem Vormund und dem Minderjährigen eine eigenständige und unabhängige Vertretung des Kindes im Verfahren. Die sich daraus ergebenden Konsequenzen (wer, wann, wie, usw.) lassen sich noch nicht ganz ermessen, sie sind Gegenstand wissenschaftlicher Untersuchungen. Diese verfassungsgerichtliche Aufwertung der verfahrensrechtlichen Stellung Minderjähriger vor Gericht wird auch Konsequenzen für die gerichtlichen Verfahren häufig vorausgehenden behördlichen Verfahren haben (kinder- und jugendspezifische Verfahrensgarantien).

### Gilt die Verfassung auch für Jugendliche?

Die selbstverständliche Annahme in den bisherigen Ausführungen ging von der Geltung der Verfassung auch für Minderjährige aus. Dies war lange Zeit in der Verfassungsrechtsdogmatik alles andere als unumstritten. Explizit formuliert die Verfassung an keiner einzigen Stelle „Rechte von Kindern". Die Lehre von der „Grundrechtsmündigkeit", die Minderjährigen eine selbständige Ausübung ihrer Grundrechte vor der Volljährigkeit nur ausnahmsweise zugebilligt hat, galt lange als die „herrschende Meinung".

Inzwischen rücken immer mehr Stellungnahmen von dieser Auffassung ab; sie gehen von einer generellen Grundrechtsträgerschaft, von einer „Vermutung des Ausübenkönnens" der Grundrechte auch durch Minderjährige aus. Das schließt nicht aus, daß bestehende Grundgesetzesvorbehalte und grundrechtsimmanente Schranken auch die Grundrechte Minderjähriger beschränken können, damit der Minderjährige selbst, aber auch Dritte vor Schäden bewahrt werden. Die Konsequenzen dieses Umbruchs in der Verfassungsrechtsdogmatik sind beachtlich: Der Gesetzgeber generell, aber im Einzelfall auch die Eltern haben jeweils die „Beweislast" dafür, daß Grundrechtsbeschränkungen dem Minderjährigen gegenüber im Ausnahmefall unausweichlich sind, weil andernfalls das Kind sich selbst oder Dritten Schaden zufügen würde. Das mögen für viele heutzutage Selbstverständlichkeiten sein, für Eltern, Behörden und Gerichte waren und sind sie das noch lange nicht. Diese neue Auffassung berücksichtigt indessen die Stärkeverhältnisse in zutreffender Weise: Nicht die „systematisch Schwächeren" (Zenz), sondern die fraglos Stärkeren, nämlich Gesetzgeber, Behörden, Gerichte bzw. die Eltern, müssen von der generellen Grundrechtsträgerschaft Minderjähriger ausgehen, weshalb sie Ausnahmen und damit Beschränkungen jeweils besonders zu begründen haben.

Will das Familien- und Jugendrecht nicht erneut weit hinter die gesellschaftliche Entwicklung zurückfallen und seine ohnehin nur schwach wirksame Steuerungsfunktion einbüßen, so wird die Diskussion darüber, was das „Wohl des Kindes" ist, im Einzelfall wie auch in der Rechtspolitik immer wieder interdisziplinär geführt werden müssen.

Selbstverständlich kann und will das Recht die Sozialarbeit oder gar die Sozialpolitik weder ersetzen noch ablösen. Recht ist auch auf dem Gebiet des Kindschafts- und Jugendrechts ein unabdingbares Mittel rechtsstaatlicher Garantien, der sozialpolitischen und fachlichen Steuerung und, richtig eingesetzt und angewandt, oft auch integraler Bestandteil der sozialpädagogischen Intervention.

Warnungen vor einer weiteren Verrechtlichung der Eltern-Kind-Beziehung sind sehr ernst zu nehmen. Nur: Bislang haben diejenigen, die nicht zu Unrecht Warnungen solcher Art erhoben haben, noch keine Mittel und Wege zeigen können, wie ohne das Medium Recht Machtgefällen wirksam begegnet werden kann.

Das Rechtsbewußtsein Minderjähriger entwickelt sich nicht zuletzt daraus, wie Behörden und Gerichte mit ihnen umgehen, also auch daraus, wie und ob die Rechtsordnung sie zur Kenntnis nimmt.

## Die konkrete rechtliche Ausgestaltung einzelner für Jugendliche wichtiger Bereiche

### Wo können sich Jugendliche beraten lassen?

Nachfolgend werden einige für Jugendliche wichtige gesetzliche Regelungen kurz dargestellt. Das kann natürlich eine fachlich fundierte Beratung Jugendlicher über ihre Rechte und Pflichten, insbesondere in Konfliktsituationen, nicht ersetzen. Es kann auch längst nicht auf alle für Jugendliche wichtigen Bereiche, wie z. B. auf den Straßenverkehr oder auf die Bestimmungen des öffentlichen Jugendschutzes oder des Jugendarbeitsschutzes, eingegangen werden. In Deutschland gibt es bislang nur sehr wenige auf Kinder und Jugendliche und auf deren Rechtsprobleme spezialisierte RechtsanwältInnen. Die Jugendämter, aber auch andere Beratungsstellen (insbesondere, wenn eine Jugendliche/ein Jugendlicher nicht zu dieser Behörde will), wie z. B. des Deutschen Kinderschutzbundes, der Kinderschutzzentren, Beratungsstellen für Mädchen wie „Wildwasser" oder „Kobra", Pro Familia und andere, kennen häufig die Rechtslage für Jugendliche recht gut oder sie können auf rechtliche Probleme Jugendlicher spezialisierte AnwältInnen nennen. Auch gibt es im Buchhandel verschiedene Rechtsratgeber für Kinder und Jugendliche. Weiterhin liegen bei Jugendbehörden, Ministerien, Gewerbeaufsichtsämtern, Gewerkschaften verschiedene kostenlos zu erhaltende Broschüren z. B. zum Jugendschutz, zum Jugendarbeitsschutz, zur elterlichen Sorge vor.

Das Jugendliche betreffende Recht verändert sich laufend, was immer wieder zu Verunsicherungen führt; doch gibt es hier tatsächlich einen großen Nachholbedarf. Erst in den vergangenen 20 Jahren begann die Rechtsordnung, das heißt Gesetze, Gerichte und Behörden, Jugendliche und ihre Anliegen allmählich ernster zu nehmen. Dennoch ist und bleibt die Rechtslage für Jugendliche und ihre Belange in vielen Bereichen unzureichend, und sie ist oft – nicht nur für die Betroffenen selbst – schwer durchschaubar.

Es fängt schon damit an, daß die Gesetze häufig so formuliert sind, daß nicht nur Jugendliche diese kaum verstehen können, einmal ganz abgesehen von dem Umstand, daß sich gesetzliche Regelungen, die Jugendliche betreffen, aus einer Vielzahl verschiedenster Gesetze häufig nur schwer herausfinden lassen. Um ihre Rechte ausüben zu können, müssen Jugendliche diese aber erst einmal kennenlernen.


### „Eheliche" und „nichteheliche" Kinder

Noch immer ist das Gesetz in der Bundesrepublik Deutschland – im Gegensatz zu vielen anderen Ländern – daraufhin konzipiert, daß penibel unterschieden wird zwischen einem in eine Ehe hineingeborenen und einem außerhalb einer Ehe geborenen Kind, ohne jede Rücksicht darauf, ob seine nicht miteinander verheirateten Eltern eine Beziehung zueinander haben und welcher Art diese Beziehung ist. Dieser Zustand hat historische Gründe und kann für Jugendliche, deren Eltern nicht miteinander verheiratet sind, lästige Folgen haben.

Zwar verpflichtet die Verfassung der Bundesrepublik, deren Grundsätze in allen Gesetzen beachtet werden müssen, „die Gesetzgebung (dazu), den unehelichen Kindern die gleichen Bedingungen für ihre leibliche und seelische Entwicklung und ihre Stellung in der Gesellschaft zu schaffen wie den ehelichen Kindern" (Art. 6 Abs. 5 Grundgesetz), jedoch ist dieser Auftrag der Verfassung immer noch nicht vollständig eingelöst. Berechtigte Hoffnungen auf einen Abbau diskriminierender Unterscheidungen zwischen ehelichen und nichtehelichen Kindern und Jugendlichen bestehen aber aufgrund einer Entscheidung des Bundesverfassungsgerichts aus dem Jahre 1991. Dieses höchste Gericht wacht darüber, daß der Gesetzgeber und letztendlich auch die Gerichte die Grundsätze unserer Verfassung einhalten. So gibt es eine ganze Reihe von Entscheidungen dieses Gerichts, in denen die Rechtspositionen Minderjähriger verstärkt und ausgebaut wurden.

Ein Jugendlicher steht bis zur Volljährigkeit, die erst mit dem achtzehnten Geburtstag eintritt, unter der elterlichen Sorge seiner Eltern, sofern diese miteinander verheiratet sind. Hingegen steht ein außerhalb der Ehe geborenes Kind unter der elterlichen Sorge seiner Mutter. Ein Rechtsverhältnis zu seinem Vater entsteht für dieses Kind erst mit der Feststellung der Vaterschaft, sei es durch eine freiwillige Anerkennung oder durch eine gerichtliche Entscheidung. Aber auch dann ist dieser Vater — im Gegensatz zum mit der Mutter verheirateten Vater, dessen Vaterschaft nicht erst festgestellt werden muß — bislang nicht an der elterlichen Sorge beteiligt.

**Wie kommt das Kind zu seinem Namen?**

Auch hier unterscheidet das Recht zwischen ehelichen und nichtehelichen Kindern. Das eheliche Kind trägt bisher den Ehenamen seiner Eltern. Künftig gilt voraussichtlich: Falls die Eltern keinen Ehenamen tragen und jeder Ehegatte seinen zur Zeit der Eheschließung geführten Namen beibehalten hat – was aufgrund einer Entscheidung des Bundesverfassungsgerichts zulässig ist –, so können die Eltern bestimmen, daß ihr Kind entweder den Familiennamen des Vaters, den Familiennamen der Mutter oder einen aus diesen Namen in beliebiger Reihenfolge gebildeten Doppelnamen trägt. Treffen die Eltern keine Bestimmung, so erhält das Kind einen aus den Namen beider Ehegatten gebildeten Doppelnamen; über die Reihenfolge der Namen entscheidet das Los.

Nach der Scheidung der Eltern behält das Kind den Ehenamen seiner Eltern, dies gilt grundsätzlich auch dann, wenn z. B. die Mutter, der bei der Scheidung das Sorgerecht zugesprochen wurde und bei der die Jugendliche/der Jugendliche lebt, ihren früheren Namen wieder annimmt oder durch eine Heirat den Namen ihres neuen Ehepartners als Ehenamen annimmt. Für Jugendliche können aus einer Namensverschiedenheit zu dem Elternteil, bei dem er/sie lebt, Unannehmlichkeiten entstehen. Jedoch hilft hier die Rechtsordnung in aller Regel nicht, sondern sie mutet dem Jugendlichen zu, mit diesem Unterschied zu leben. Angesichts der großen Zahl von Jugendlichen, die nicht denselben Namen tragen wie der Elternteil, bei dem sie leben, haben aber nur wenige Jugendliche damit Probleme.

Das außerhalb einer Ehe geborene Kind erhält den Familiennamen seiner Mutter, den die Mutter zur Zeit der Geburt des Kindes führt. Heiratet die Mutter den Vater des Kindes, so wird das Kind automatisch ehelich und erhält damit in der Regel als Familiennamen den Ehenamen seiner Eltern. Ist das Kind älter als 14 Jahre, so kann es sich der Namensänderung durch ausdrückliche Erklärung anschließen.

Der Vater des nichtehelichen Kindes, welches den Namen der Mutter führt, kann diesem seinen Namen erteilen, wenn die Mutter zustimmt und die persönliche Einwilligung des über 14 Jahre alten Kindes vorliegt.

Den Vornamen des Kindes zu bestimmen, ist Aufgabe der Eltern bzw. der Mutter des nichtehelich geborenen Kindes.

### Die „elterliche Sorge"

*„Wenn es in einem ganz bestimmten Punkt Konflikte gibt – Ausgehen, Verteilung der Hausarbeit, Taschengeld, Familienleben –, dann muß man so lange darüber reden, bis man sich auf einen Kompromiß geeinigt hat."*          *(Dolto)*

Unter *elterlicher Sorge* versteht das Gesetz „das Recht und die Pflicht, für das minderjährige Kind zu sorgen" (§ 1626 Abs. 1 BGB), „insbesondere auch das Recht und die Pflicht, das Kind zu erziehen, zu beaufsichtigen und seinen Aufenthalt zu bestimmen" (§ 1631 Abs. 1 BGB). Diese elterliche Sorge endet in der Regel mit der Volljährigkeit, die erst mit 18 Jahren eintritt. Bis dahin sind die Eltern die gesetzlichen Vertreter ihrer Kinder.

Seit 1980 will der Gesetzgeber mit Leitbildern auch auf den Kommunikationsprozeß innerhalb der Familie Einfluß gewinnen:

„Eltern und Kinder sind einander Beistand und Rücksicht schuldig" (§ 1618a BGB).

„Bei der Pflege und Erziehung berücksichtigen die Eltern die wachsenden Fähigkeiten und das wachsende Bedürfnis des Kindes zu selbständigem, verantwortungsbewußtem Handeln. Sie besprechen mit dem Kind, soweit es nach dessen Entwicklungsstand angezeigt ist, Fragen der elterlichen Sorge und streben Einvernehmen an" (§ 1626 Abs. 2 BGB).

„Entwürdigende Erziehungsmaßnahmen sind unzulässig" (§ 1631 Abs. 2 BGB).

„Jeder junge Mensch hat ein Recht auf Förderung seiner Entwicklung und auf Erziehung zu einer eigenverantwortlichen und gemeinschaftsfähigen Persönlichkeit" (§ 1 Abs. 1 KJHG).

Die *elterliche Sorge* ist von Anbeginn an auf ihre Beendigung hin angelegt und fordert deshalb von den Eltern, so früh wie möglich die Selbstbestimmung des Kindes zu fördern und die Fremdbestimmung zurücktreten zu lassen. Dies kann in einzelnen Bereichen schon vor der Volljährigkeit der Fall sein.

## Fragen der Ausbildung

*„Eure schulische und berufliche Ausbildung müßt ihr aber unbedingt selbst in die Hand nehmen."*          (Dolto)

In verschiedenen Einzelvorschriften werden *Mitsprache-möglichkeiten* für den Jugendlichen hervorgehoben:

„In Angelegenheiten der Ausbildung und des Berufes nehmen die Eltern insbesondere auf Eignung und Neigung des Kindes Rücksicht. Bestehen Zweifel, so soll der Rat eines Lehrers oder einer anderen geeigneten Person eingeholt werden.

Nehmen die Eltern offensichtlich keine Rücksicht auf Eignung und Neigung des Kindes und wird dadurch die Besorgnis begründet, daß die Entwicklung des Kindes nachhaltig und schwer beeinträchtigt wird, so entscheidet das Vormundschaftsgericht. Das Gericht kann erforderliche Erklärungen der Eltern oder eines Elternteils ersetzen" (§ 1631a BGB).

Zugegeben, solche Gesetze sind nicht leicht verständlich, und die zuletzt wiedergegebene Regelung hilft nur in extremen Konfliktfällen. Aber so viel ist dennoch klargestellt: Eltern können Jugendliche nicht einfach in eine Ausbildung zwingen oder von einer Schule nehmen, wenn der Jugendliche gute Aussichten hat, z. B. die mittlere Reife oder das Abitur zu schaffen. Auch können Eltern ihre Kinder nicht einfach in eine Einrichtung stecken, wenn dort die Unterbringung mit Freiheitsentziehung verbunden ist, hierzu brauchen sie stets eine vormundschaftsgerichtliche Genehmigung, die nicht ohne weiteres erteilt wird (§ 1631b BGB).

**Müssen die Eltern für den Unterhalt des Jugendlichen aufkommen?**

*„Für die Jugendlichen von heute ist die Loslösung von den Eltern so etwas wie die Quadratur des Kreises, weil sie ihren Lebensunterhalt nicht selbst verdienen können."* (Dolto)

Das Familienrecht sieht grundsätzlich einen Unterhaltsanspruch des Jugendlichen gegen die Eltern vor, wenn dieser bedürftig ist. Zum Unterhalt gehört auch die Finanzierung einer angemessenen Berufsausbildung. Diese Unterhaltspflicht zur Finanzierung der Ausbildung setzt sich auch über die Volljährigkeit fort, wenn z. B. der angestrebte Abschluß erst dann erreicht wird, obwohl mit Eintritt der Volljährigkeit das Erziehungsrecht der Eltern endet.

Eltern können grundsätzlich ihren unverheirateten Kindern gegenüber frei bestimmen, in welcher Form sie ihrer Unterhaltspflicht nachkommen, das heißt, ob mit einer Unterhaltszahlung oder dadurch, daß sie Wohnung und Versorgung in ihrem Haushalt zur Verfügung stellen. Da den Eltern auch das Aufenthaltsbestimmungsrecht grundsätzlich zusteht, können Jugendliche nicht einfach aus dem Elternhaus ausziehen und von ihren Eltern Unterhalt verlangen. Minderjährige haben den Wohnsitz der Eltern, wenn diese die elterliche Sorge innehaben. Für eine Änderung braucht der Jugendliche die elterliche Genehmigung.

Reichen die Finanzmittel der Eltern zur Erfüllung des Unterhaltsanspruchs nicht aus, so hat der Jugendliche einen selbständigen Anspruch auf Lebensunterhalt nach dem Bundessozialhilfegesetz.

## Jugendliche und ihre Intimsphäre

*„Es gibt aber für einen Heranwachsenden nichts*
*Schlimmeres, als ausspioniert zu werden."*    (Dolto)

*Kann ein Jugendlicher seine Beziehungen frei wählen?*
Zwar können Eltern aufgrund ihres Erziehungs- und
Beaufsichtigungsrechts dem Jugendlichen den Umgang
mit bestimmten Personen untersagen, jedoch müssen
hierfür triftige und sachlich nachvollziehbare Gründe
vorliegen, z. B. Anlaß zu der Annahme, daß der/die
Jugendliche konkret gefährdet ist. Da die elterliche Sorge
selbst auf eine allmähliche Verselbständigung des
Jugendlichen hin angelegt ist – die Fremdbestimmung
muß nach und nach der Selbstbestimmung durch den
Jugendlichen Platz machen –, kommen hier nur konkret
nachweisbare erhebliche Gefährdungen wie z. B. durch
Drogen oder Prostitution in Betracht.
Der Gesetzgeber läßt den Eltern bewußt einen weiten
Ermessensspielraum darüber, inwieweit sie erste sexuelle
Erfahrungen ihrer Kinder zulassen. Das Strafgesetzbuch
schützt in jedem Falle Personen unter 14 Jahren: Sexuelle
Handlungen an einer solchen Person (Kind) sind ebenso
strafbar, wie wenn jemand von einem Kind an sich solche
Handlungen vornehmen läßt. Dies gilt z. B. auch für den
16 Jahre alten Freund des noch nicht 14 Jahre alten
Mädchens. Wenn es auch für Jugendliche über 16 Jahren
keinerlei gesetzliche Einschränkungen ihrer sexuellen
Beziehungen gibt, so kann es dennoch zu Konflikten hier-
über mit den Eltern kommen. Wichtig könnte es in solchen Fällen sein, zu versuchen, Vertrauen herzustellen
und die nicht immer unberechtigten Ängste der Eltern

abzubauen. Schalten Eltern in solchen Fällen das Gericht ein, um z. B. gegen einen Freund der Tochter vorzugehen, so ist das ein Ausdruck nicht mehr vorhandenen, aber auch durch die Gerichtsentscheidung nicht mehr herstellbaren Vertrauens.

*Dürfen die Eltern die ein- und ausgehende Post, Telefongespräche oder Tagebücher der Jugendlichen kontrollieren?*

Die Intimsphäre Jugendlicher darf auch durch die Eltern nicht ohne weiteres verletzt werden, sondern muß — wie auch von Außenstehenden — beachtet werden. Nur bei einer konkret nachweisbaren Gefährdung des Jugendlichen durch Dritte ist den Eltern ein Eindringen in diesen Geheimbereich erlaubt.

*Dürfen Eltern bestimmen, was Jugendliche in ihrer Freizeit unternehmen?*

Wie bereits erwähnt, umfaßt die elterliche Sorge das *Erziehungsrecht* und auch die *Aufsichtspflicht* gegenüber Jugendlichen. So können Eltern z. B. bestimmen, ob und wie lange Jugendliche abends ausgehen dürfen. Würden Eltern dem Jugendlichen jegliches Ausgehen verbieten, so läge eine mißbräuchliche Ausübung der elterlichen Sorge vor. Auch hier gilt das vorrangige Ziel der elterlichen Sorge: Erziehung des Jugendlichen zur Selbständigkeit und Mündigkeit.

**Was passiert, wenn sich die Eltern scheiden lassen?**

Das in diesem Falle zuständige Familiengericht regelt die elterliche Sorge für die Zeit nach der Scheidung und u. U. auch bereits für die Trennungszeit. Das Familiengericht kann die elterliche Sorge einem Elternteil alleine übertragen oder diese bei Vorliegen bestimmter Voraussetzungen beiden Elternteilen gemeinsam belassen. Wenn das Wohl des Jugendlichen gefährdet ist, kann das Familiengericht die elterliche Sorge oder Teilbereiche davon auch einem Vormund oder Pfleger übertragen.

Das über 14 Jahre alte Kind hat eine „Mitbestimmungsmöglichkeit": Macht es einen vom Elternvorschlag abweichenden Vorschlag, so kann es diesen „neutralisieren". Das heißt: In diesem Falle hat sich der Familienrichter bei seiner Entscheidung einzig und allein am „Wohl des Kindes" und nicht mehr an dem sonst gewichtigen Vorschlag der Eltern zu orientieren. Dies zwingt die Eltern dazu, nicht über die Köpfe ihrer über 14 Jahre alten Kinder hinweg Scheidungsvereinbarungen zu treffen, sondern sich auch an den Wünschen ihrer Kinder zu orientieren.

*Welche Mitwirkungsmöglichkeiten haben Jugendliche?*
*Müssen sie vom Gericht persönlich angehört werden?*
Bis 1980 wurde in aller Regel über die Köpfe der Minderjährigen hinweg entschieden; welche Wünsche und Vorstellungen Kinder und Jugendliche bezüglich ihres künftigen Lebens und der Ausgestaltung ihrer Beziehungen zu den Eltern hatten, spielte oft keine Rolle. Seither müssen die Familien- und Vormundschaftsrichter Minderjährige ab 14 Jahren stets persönlich anhören, „wenn die Neigungen, Bindungen oder der Wille des Kindes für die Ent-

scheidung von Bedeutung sind" (§ 50b FGG). Das bedeutet nicht, daß sich Jugendliche zwischen Vater und Mutter entscheiden müssen; diese Entscheidung trifft in jedem Fall das Familiengericht. Der Jugendliche hat einfach das Recht, angehört zu werden. Der Familienrichter soll wissen, was der Jugendliche denkt, wünscht und will, um dessen Standpunkt so weit wie möglich bei der Entscheidung zu berücksichtigen; das heißt nicht immer, daß die Entscheidung mit dem geäußerten Wunsch des Minderjährigen übereinstimmt. In der Regel wird jedoch der Familienrichter nicht gegen den Jugendlichen entscheiden, weil es kaum gutgehen kann, die elterliche Sorge für den Jugendlichen einem Elternteil zuzuweisen, mit und bei dem der Jugendliche nicht leben will.

*Wie steht es um die Kontakte des Jugendlichen*
*zu dem Elternteil, mit dem er nicht zusammenlebt?*
Wünschenswert ist, daß trotz Trennung oder Scheidung der Eltern Jugendliche ihre Beziehungen zu beiden Eltern aufrechterhalten. Jugendliche sollten sich diesbezüglich ihren eigenen Standpunkt bilden und sich von niemandem manipulieren lassen; dies schließt eine fachkundige Beratung oder ein gutes Gespräch mit jemandem, der das Vertrauen des Jugendlichen besitzt, nicht aus. Die Probleme der Eltern untereinander sind nicht die der Jugendlichen mit ihren Eltern.
Im Gegensatz zu früher zwingt die Rechtsprechung heutzutage Jugendliche nicht mehr dazu, mit dem nach der Scheidung nicht mehr sorgeberechtigten Elternteil Kontakt und Umgang zu haben. Zwar spricht die Gesetzgebung diesem Elternteil ein Recht auf persönlichen Umgang mit dem Kind zu, jedoch wird dieses Umgangs-

recht inzwischen nicht mehr zwangsweise gegen den erklärten Willen des Jugendlichen durchgesetzt. In Ergänzung zu dieser Sichtweise, die auf das Recht der Eltern bezogen ist, sichert die Konvention der Vereinten Nationen über die Rechte des Kindes (vgl. S. 220 ff.) „das Recht des Kindes, das von einem oder beiden Elternteilen getrennt ist, regelmäßige persönliche Beziehungen und unmittelbare Kontakte zu beiden Elternteilen zu pflegen, soweit dies nicht dem Wohl des Kindes widerspricht" (Art. 9 Abs. 3).

Jugendliche haben damit meistens weniger Konflikte als jüngere Kinder, denn sie können sich trotz vielfältiger Beeinflussungsversuche viel eher frei entscheiden. Es gibt Eltern und Jugendliche, für die eine gemeinsame elterliche Sorge nach der Scheidung eine gelungene Lösung ist; eine Garantie für weniger Konflikte und vielfältige Kontakte des Jugendlichen zu beiden Eltern ist das freilich nicht. Dasselbe gilt auch, wenn, wie bei uns üblich, das Sorgerecht vom Familiengericht einem Elternteil zugesprochen wird.

Jugendliche sind meistens in der Lage, sich ein eigenes Bild in solchen Situationen zu machen und zu entscheiden, ob, wo und wie lange sie Kontakte zu dem Elternteil, mit dem sie nicht zusammen leben, haben wollen. Auch hier empfiehlt es sich, in Konfliktsituationen mit einer Vertrauensperson zu sprechen oder eine auf solche Konflikte spezialisierte Beratungsstelle aufzusuchen: „Sie (Jugendliche) brauchen jemanden, zu dem sie gehen können, der ihnen zuhört und ihnen eine realitätsbezogene Antwort gibt" (Dolto).

**Was geschieht bei Gefährdungen Jugendlicher in der eigenen Familie?**

Zwar anerkennt und sichert unsere Verfassung den Vorrang der Eltern bei der Erziehung ihrer Kinder, das Grundgesetz geht dabei jedoch keineswegs von einer „heilen Familienidylle" aus. Das Grundgesetz legt vielmehr fest: „Über ihre (der Eltern) Betätigung wacht die staatliche Gemeinschaft" (Art. 6 Abs. 2 GG). Dieses „staatliche Wächteramt" bedeutet, daß der Staat stets dann zum Eingreifen verpflichtet ist, wenn das Wohl des Kindes — auch in der eigenen Familie — gefährdet ist. In diesem Fall ist zunächst das Jugendamt als „Inhaber" dieses „staatlichen Wächteramtes" aufgerufen, mit allen seinen Mitteln zu versuchen, die drohende oder bereits eingetretene Gefährdung des Jugendlichen möglichst rasch und im Rahmen der Familie abzuwenden. Hier kommen verschiedene beraterische, gegebenenfalls therapeutische Hilfen zum Einsatz. Gelingt dies jedoch nicht oder erscheint ein solches Unterfangen von vornherein als aussichtslos und sind die Eltern selbst nicht gewillt oder in der Lage, die Gefährdung abzuwenden, so muß das Jugendamt den Vormundschaftsrichter einschalten. Diesem als einem weiteren wichtigen Repräsentanten des „staatlichen Wächteramts" ist es vorbehalten, in die von der Verfassung geschützten Rechte der Eltern einzugreifen. Der Vormundschaftsrichter ist verpflichtet, alle notwendigen Schritte in die Wege zu leiten, um eine Gefährdung des körperlichen oder seelischen Wohls des Jugendlichen umgehend abzuwenden. Dabei muß er die Wünsche und Vorstellungen des Minderjährigen unbedingt in seine Entscheidungen einbeziehen.

Jugendliche können sich unmittelbar an das Jugendamt oder den Vormundschaftsrichter wenden; diese sind verpflichtet, sich um ihre Sorgen und Nöte zu kümmern. So haben Jugendliche einen Rechtsanspruch darauf, vom Jugendamt in Obhut genommen zu werden: So darf das Jugendamt die Eltern nicht einfach benachrichtigen, damit sie den Jugendlichen abholen. Vielmehr muß sich das Jugendamt intensiv mit dem Jugendlichen und seinen Eltern darüber auseinandersetzen, warum der/die Jugendliche von zuhause ausgerissen ist und dorthin nicht zurückkehren möchte. Wird hier kein Einvernehmen hergestellt und stellt die Situation in der Familie für den Jugendlichen eine Gefährdung dar, so muß das Vormundschaftsgericht eingeschaltet werden. Bis zur Entscheidung des Vormundschaftsgerichts bleibt der/die Jugendliche in der Obhut des Jugendamtes.

In Not- und Konfliktlagen darf das Jugendamt Jugendliche auch beraten, ohne die Eltern davon zu informieren. Wenn der/die Jugendliche das Elternhaus verlassen muß, weil kein anderer Weg gefunden werden kann, wird *gemeinsam* eine Lösung gesucht. Diese Lösung kann die alsbaldige Rückkehr in die Familie — sofern sich die Situation verbessert — zum Ziele haben; sie kann aber auch in der Erarbeitung einer anderen auf Dauer angelegten Perspektive außerhalb der Familie liegen. So kann das Ziel sein, eine vertrauenswürdige andere Familie zu finden oder dem/der Jugendlichen eine andere familienähnliche Lebensform zu vermitteln. Es kann aber auch eine zunehmende Verselbständigung innerhalb einer nur locker betreuten Wohnform angestrebt werden. Jugendliche ab 14 Jahren haben gegen Entscheidungen des Vormundschafts- und Familiengerichts ein selbständiges

Beschwerderecht; sie können dieses auch mit Hilfe eines Rechtsanwaltes oder einer Rechtsanwältin ausüben.

**Der/die Jugendliche und sein/ihr Körper**

Welche Bedeutung hat der Wunsch und der Wille Jugendlicher für den Arzt?
Auch bei ärztlichen Behandlungen spielt der Wunsch und der Standpunkt Jugendlicher eine wichtige Rolle. Ärztliche Behandlungen sind häufig mit einem Eingriff in die körperliche Integrität verbunden. Bereits die Verordnung eines Medikaments bedeutet einen solchen Eingriff, weshalb das Recht bei uns hierzu die Einwilligung des gesetzlichen Vertreters — in der Regel sind das die Eltern — oder aber die Einwilligung eines bereits einwilligungsfähigen Minderjährigen verlangt. Ein einwilligungsfähiger Minderjähriger darf also z. B. nicht gegen seinen Willen operiert werden. Allerdings muß der behandelnde Arzt jeweils prüfen, ob der oder die Jugendliche bereits in der Lage ist, die Tragweite einer Entscheidung zu verstehen. Bei Minderjährigen unter 14 Jahren wird in der Regel angenommen, daß eine solche Einwilligungsfähigkeit fehlt, und bei der Altersgruppe zwischen 14 und 18 Jahren wird im Einzelfall über die Einwilligungsfähigkeit entschieden, wobei in der Regel bei über 16jährigen von deren Einwilligungsfähigkeit ausgegangen wird.
Die Frage, ob einer Jugendlichen auch ohne die Zustimmung der Eltern „die Pille" verordnet wird, ist bei uns in die Entscheidungsbefugnis des behandelnden Arztes gestellt. Häufig wollen Ärzte Jugendliche vor einer ungewollten Schwangerschaft schützen, und sie wollen auch

dazu beitragen, daß Abtreibungen vermieden werden können – deshalb verschreiben sie „die Pille", auch ohne Information oder Zustimmung der Eltern, wo sie dies verantworten zu können glauben. Falls die Jugendliche in einem solchen Fall keinen Arzt finden kann, der ihr hilft, empfiehlt es sich, eine auf Partnerschafts- und Sexualprobleme spezialisierte Beratungsstelle aufzusuchen, die hier weiterhelfen kann.

Auch für einen Schwangerschaftsabbruch gilt, daß die Jugendliche ihre Einwilligung nur dann geben kann, wenn sie nach ihrer „geistigen und sittlichen Reife die Bedeutung des Eingriffs und seiner Gestattung zu ermessen vermag" (so der Bundesgerichtshof). Diese Einwilligungsfähigkeit muß der Arzt in jedem Einzelfall überprüfen. Die Jugendliche darf sich beraten lassen, ihre Eltern müssen dazu weder gefragt noch dürfen sie ohne Zustimmung der Jugendlichen informiert werden.

Bei Jugendlichen wird am ehesten die sog. soziale Indikation vorliegen. Liegt diese oder eine andere Indikation vor, so könnte eine einwilligungsfähige Jugendliche die Einwilligung in den Schwangerschaftsabbruch zwar selbst geben – ihre Einwilligung ist stets erforderlich, weil gegen ihren Willen ein Schwangerschaftsabbruch nicht durchgeführt werden darf –, jedoch benötigt sie zum wirksamen Abschluß des mit dem Arzt abzuschließenden Behandlungsvertrages zusätzlich die Zustimmung ihrer Eltern, falls diese oder sie nicht oder privat versichert sind.

Ist die Jugendliche selbst oder sind die Eltern in der gesetzlichen Krankenversicherung, dann sichert die Vorlage des Krankenscheines die Honoraransprüche des Arztes, doch können die Eltern ihre Einwilligung entweder zum Eingriff selbst – was allerdings bei Einwilligungsfähigkeit der Jugendlichen unwirksam wäre — oder zum Behandlungsvertrag bzw. zur Inanspruchnahme der Krankenkasse verweigern. In diesem Fall hat die Jugendliche die Möglichkeit, das Vormundschaftsgericht einzuschalten, welches — falls die Sache besonders eilbedürftig ist, was wegen der Zwölf-Wochen-Frist für die soziale Indikation häufig der Fall sein dürfte — eine einstweilige Anordnung, das ist eine Eilentscheidung, erlassen kann. Das Vormundschaftsgericht wird indessen eine solche Entscheidung nur dann treffen können, wenn es in der Verweigerung der Eltern eine mißbräuchliche Ausübung der elterlichen Befugnisse oder ein „unverschuldetes Versagen" dieser zu erkennen vermag. Die Vormundschaftsgerichte entscheiden von Fall zu Fall, so daß sich über die Erfolgsaussichten generell nichts sagen läßt. Dieser komplizierte Weg hat sicherlich etwas Abschreckendes, jedoch sollten Jugendliche die Lösung durchzusetzen versuchen, die sie nach reiflicher Abwägung und gründlicher Beratung selbst für richtig halten.

Auch die Entscheidung für ein Kind kann eine richtige Entscheidung sein. Falls die Eltern in diesem Fall ihre Unterstützung versagen, helfen die Jugendämter mit der Vermittlung geeigneter Wohnformen und Unterstützung bei der Pflege und Erziehung des Kindes weiter. Das Kind der minderjährigen Mutter erhält einen Vormund, doch hat sie selbst neben dem Vormund, der der gesetzliche Vertreter des Kindes ist, die tatsächliche Personensorge inne.

**Dürfen Jugendliche heiraten?**
**Welche Voraussetzungen müssen hierfür vorliegen?**

Die Ehefähigkeit, das heißt die Fähigkeit, eine Ehe zu schließen, ist bei uns an die Volljährigkeit gebunden. Männer wie Frauen müssen demnach 18 Jahre alt sein, wenn sie heiraten wollen. Das Vormundschaftsgericht kann jedoch von diesem Alterserfordernis Befreiung erteilen, wenn die Antragstellerin oder der Antragsteller 16 Jahre und der/die Partner/in volljährig ist. Das heißt, einer der Partner muß mindestens 16, der andere 18 Jahre alt sein. Die Genehmigung des Vormundschaftsgerichts alleine reicht jedoch nicht aus; auch die Zustimmung der gesetzlichen Vertreter ist dazu erforderlich. Vor seiner Entscheidung muß das Vormundschaftsgericht den oder die Jugendliche, die Eltern als gesetzliche Vertreter und das Jugendamt hören.

Die Schwangerschaft einer Jugendlichen macht eine Eheschließung heutzutage keinesfalls mehr notwendig. Auch hier sollten Jugendliche nach reiflicher Überlegung und unabhängiger Beratung entscheiden. Verweigern die gesetzlichen Vertreter die Einwilligung zur Eheschließung „ohne triftige Gründe", so kann das Vormundschaftsgericht ihre Einwilligung auf Antrag des/der Betroffenen nach Anhörung der Beteiligten und des Jugendamtes ersetzen.

Wenn ein 16jähriger oder eine 16jährige unter diesen Umständen heiraten darf, so wird er/sie deshalb nicht mündig im Sinne der mit Vollendung des 18. Lebensjahres eintretenden unbeschränkten Geschäftsfähigkeit.

### Was ist, wenn Jugendliche mit dem Strafgesetz in Konflikt geraten?

Kinder unter 14 Jahren können wegen einer Verfehlung, die nach dem Strafrecht mit einer Strafe bedroht ist, strafrechtlich hierfür nicht zur Verantwortung gezogen werden. Die Strafmündigkeit beginnt erst mit 14 Jahren. In diesem Fall kann jedoch das Jugendamt und u. U. auch das Vormundschaftsgericht eingeschaltet werden.

Ist ein Schaden entstanden, so kann ein Minderjähriger ab sieben Jahren nur dann zivilrechtlich haftbar gemacht werden, „wenn er bei der Begehung der schädigenden Handlung die zur Erkenntnis der Verantwortlichkeit erforderliche Einsicht hat". Und auch für den über 14jährigen „strafmündigen" Jugendlichen besteht eine strafrechtliche Verantwortlichkeit nur, „wenn er zur Zeit der Tat nach seiner sittlichen und geistigen Entwicklung reif genug ist, das Unrecht der Tat einzusehen und nach dieser Einsicht zu handeln".

Auch wenn es paradox klingen mag: Oberstes Ziel des Jugendstrafrechts ist die Vermeidung von Strafe. Das Jugendstrafverfahren ist eine Suchstrategie: Zusammen mit dem Jugendlichen wird nach einer Möglichkeit gesucht, wie er oder sie einen Weg finden kann, ein Leben zu führen, ohne straffällig zu werden. Das Jugendstrafrecht will den Jugendlichen auf jeden Fall besserstellen als einen Erwachsenen, der sich für dieselbe Handlung verantworten muß. Leider ist das Jugendstrafverfahren in der Vergangenheit diesem Zweck — nämlich dem Erziehungszweck — nicht immer gerecht geworden. Ob wir mit dem geänderten Jugendgerichtsgesetz diesem Ziel näher kommen, muß sich erst noch zeigen. Die Folgen der Straftat eines Jugendlichen können „Erziehungsmaßregeln" und, wenn diese „nicht ausreichen", „Zuchtmittel" oder „Jugendstrafe" sein, wobei für den Jugendstaatsanwalt wie für den Jugendrichter vielfältige Möglichkeiten bestehen, von einer Verfolgung abzusehen bzw. das Verfahren einzustellen. Hierbei spielt das Bemühen des Jugendlichen, einen Ausgleich mit dem durch die Straftat Geschädigten zu erreichen, eine zentrale Rolle.

Das Jugendamt wirkt als unabhängige Behörde mit seiner Jugendgerichtshilfe am Jugendstrafverfahren mit. Hier kann ein Vertrauensverhältnis entstehen, jedoch besteht für den Mitarbeiter der Jugendgerichtshilfe auch dann nicht das Recht, die Aussage vor Gericht zu verweigern. Ein solches Recht steht einem Verteidiger zu. Jedoch ist in Deutschland die Mitwirkung eines Strafverteidigers zwingend nur für wenige Fälle vorgeschrieben. Wenn es sich um einen auf Jugendstrafverfahren spezialisierten Rechtsanwalt handelt — von denen es bei uns nur sehr wenige gibt —, so kann seine Mitwirkung für den Jugendlichen sehr hilfreich sein.

### Jugendliche und Geld

Dürfen Jugendliche mit ihrem Geld machen, was sie wollen?

Zur elterlichen Sorge gehört auch die „Vermögenssorge". Es gibt umfangreiche Vorschriften, die sicherstellen sollen, daß das Vermögen des Minderjährigen erhalten oder gar vermehrt wird. Hier unterliegen die Eltern als Vermögenssorgeberechtigte verschiedenen Kontrollen. Einerseits will das Recht Minderjährige vor unüberlegten rechtsgeschäftlichen Risiken schützen, andererseits jedoch auch dem Jugendlichen allmählich den selbständigen Umgang mit Geld ermöglichen: Jugendliche sind in der Geschäftsfähigkeit beschränkt. Daraus folgt, daß sie Willenserklärungen, die ihnen nicht lediglich rechtliche Vorteile bringen, nur mit Einwilligung des gesetzlichen Vertreters – das sind in der Regel die Eltern – abgeben dürfen. Schließt ein Jugendlicher/eine Jugendliche einen Vertrag ohne eine entsprechende Genehmigung der Eltern ab, so hängt die Wirksamkeit von der nachträglichen Genehmigung der Eltern als gesetzliche Vertreter ab. Jedoch sind nach dem sogenannten *Taschengeldparagraph* (§ 110 BGB) die von Jugendlichen – auch von Kindern – getätigten Rechtsgeschäfte immer dann wirksam, auch ohne Einwilligung der gesetzlichen Vertreter, wenn sie die vertragsgemäße Leistung mit Mitteln bewirken, die ihnen zu diesem Zweck oder zur freien Verfügung von ihrem gesetzlichen Vertreter überlassen worden sind (§ 110 BGB).

**W**enn der/die Jugendliche in ein Dienst- oder Arbeitsverhältnis eintreten will, so kann der gesetzliche Vertreter ihn in gewissem Umfang von den eben geschilderten Beschränkungen befreien; dann erlangt der/die Jugendliche für diesen Bereich die unbeschränkte Geschäftsfähigkeit. So kann der/die Jugendliche, wenn die entsprechende Ermächtigung vorliegt, z. B. den Arbeitsvertrag selbständig abschließen, in eine Gewerkschaft eintreten, ein Lohn- und Gehaltskonto eröffnen und auch Abhebungen von diesem Konto tätigen.

**A**llerdings darf der/die Jugendliche über den Lohn grundsätzlich nicht frei verfügen, sondern muß darüber mit den Eltern eine Absprache getroffen haben. Häufig wird der

Arbeitslohn dem/der Jugendlichen zur freien Verfügung überlassen sein, zuweilen muß er oder sie einen Teil davon zuhause abliefern; all das unterliegt prinzipiell der Vermögenssorge der Eltern.

Jugendliche ab 16 Jahren können ein Testament errichten, die Zustimmung des gesetzlichen Vertreters ist nicht erforderlich. Allerdings geht das nur in Form eines öffentlichen Testaments, welches vor dem Notar erklärt oder durch Übergabe eines Schriftstücks an diesen erfolgt sein muß. Sinn und Zweck ist der Schutz des noch nicht Volljährigen vor unüberlegten Entscheidungen oder unzulässigen Beeinflussungen. Jugendliche können auch erben und beschenkt werden. Das Ererbte oder die Schenkung unterliegen der elterlichen Vermögenssorge, es sei denn, der Erblasser oder der Zuwendende hat diese von der Vermögensverwaltung ausgeschlossen. Ansonsten unterliegen auch die Eltern als Vermögenssorgeberechtigte bei Erbschaften des Jugendlichen über einem Wert von DM 10 000,– Kontrollen des Vormundschaftsgerichts.

**Dürfen Jugendliche aus der Kirche austreten?**

Grundsätzlich gehört auch die religiöse Erziehung zur Personensorge der Eltern. Jedoch steht dem Jugendlichen ab 14 Jahren die Entscheidung darüber zu, zu welchem religiösen Bekenntnis er sich halten will. Das bedeutet, daß Jugendliche ab diesem Lebensalter aus der Kirche austreten können, und dies gilt auch dann, wenn sie sich nicht einem anderen Bekenntnis anschließen wollen.

Bereits ab 12 Jahren kann ein Kind nicht mehr gegen seinen Willen in einem anderen Bekenntnis als bis dahin erzogen werden. Aus der Religionsmündigkeit ab 14 Jahren folgt auch das Recht, über die Teilnahme am Religionsunterricht selbständig zu entscheiden. Dem an Stelle des Religionsunterrichts angebotenen Fach (z. B. Ethik, Philosophie) darf der/die Jugendliche allerdings nicht fernbleiben.

**Müssen Jugendliche in die Schule?**

Grundsätzlich besteht in der Bundesrepublik Deutschland eine 12jährige Schulpflicht, die in den jeweiligen Schulgesetzen der Bundesländer im einzelnen geregelt ist. Diese Schulpflicht verletzt weder das Elternrecht der Verfassung noch die Grundrechte des Minderjährigen. Sie kann auch mit verschiedenen Zwangsmitteln notfalls gegen Minderjährige oder auch gegen die Eltern durchgesetzt werden.

**Was und wie lange dürfen Jugendliche arbeiten?**

Hier gelten die besonderen Schutzvorschriften des Jugendarbeitsschutzgesetzes. Es geht nicht darum, Kinder oder Jugendliche zu bevormunden, sondern es geht um den Schutz dieser noch in der Entwicklung und im Wachstum befindlichen Kinder und Jugendlichen. Sie sollen vor einer Überforderung durch Arbeit geschützt werden.

Das Verbot der Kinderarbeit konnte erst in der Mitte des vergangenen Jahrhunderts in Deutschland durchgesetzt werden; weltweit ist es noch längst nicht verwirklicht. Es würde den Rahmen dieser Abhandlung sprengen, auf die Einzelheiten des Jugendarbeitsschutzes einzugehen. Die zuständigen Aufsichtsbehörden sowie die Gewerkschaften stellen speziell für Kinder und Jugendliche verfaßte Informationsbroschüren mit dem Gesetzestext und den dazugehörenden Erläuterungen kostenlos zur Verfügung.

# DOKUMENTATION

**Auszug aus dem Übereinkommen über die Rechte des Kindes,**

*angenommen von der Generalversammlung der Vereinten Nationen am 20. November 1989*

*Die Vertragsstaaten dieses Übereinkommens haben folgendes vereinbart:*

### Teil I

### Artikel 1

Im Sinne dieses Übereinkommens ist ein Kind jeder Mensch, der das achtzehnte Lebensjahr noch nicht vollendet hat, soweit die Volljährigkeit nach dem auf das Kind anzuwendenden Recht nicht früher eintritt.

### Artikel 2

(1) Die Vertragsstaaten achten die in diesem Übereinkommen festgelegten Rechte und gewährleisten sie jedem ihrer Hoheitsgewalt unterstehenden Kind ohne Diskriminierung unabhängig von der Rasse, der Hautfarbe, dem Geschlecht, der Sprache, der Religion, der politischen oder sonstigen Anschauung, der nationalen, ethnischen oder sozialen Herkunft, des Vermögens, einer Behinderung, der Geburt oder des sonstigen Status des Kindes, seiner Eltern oder seines Vormunds.

(2) Die Vertragsstaaten treffen alle geeigneten Maßnahmen, um sicherzustellen, daß das Kind vor allen Formen der Diskriminierung oder Bestrafung wegen des Status, der Tätigkeiten, der Meinungsäußerungen oder der Weltanschauung seiner Eltern, seines Vormunds oder seiner Familienangehörigen geschützt wird.

### Artikel 3

(1) Bei allen Maßnahmen, die Kinder betreffen, gleichviel ob sie von öffentlichen oder privaten Einrichtungen der sozialen Fürsorge, Gerichten, Verwaltungsbehörden oder Gesetzgebungsorganen getroffen werden,

ist das Wohl des Kindes ein Gesichtspunkt, der vorrangig zu berücksichtigen ist.

(2) Die Vertragsstaaten verpflichten sich, dem Kind unter Berücksichtigung der Rechte und Pflichten seiner Eltern, seines Vormunds oder anderer für das Kind gesetzlich verantwortlicher Personen den Schutz und die Fürsorge zu gewährleisten, die zu seinem Wohlergehen notwendig sind; zu diesem Zweck treffen sie alle geeigneten Gesetzgebungs- und Verwaltungsmaßnahmen.

(3) Die Vertragsstaaten stellen sicher, daß die für die Fürsorge für das Kind oder dessen Schutz verantwortlichen Institutionen, Dienste und Einrichtungen den von den zuständigen Behörden festgelegten Normen entsprechen, insbesondere im Bereich der Sicherheit und der Gesundheit sowie hinsichtlich der Zahl und der fachlichen Eignung des Personals und des Bestehens einer ausreichenden Aufsicht.

## Artikel 4

Die Vertragsstaaten treffen alle geeigneten Gesetzgebungs-, Verwaltungs- und sonstigen Maßnahmen zur Verwirklichung der in diesem Übereinkommen anerkannten Rechte. Hinsichtlich der wirtschaftlichen, sozialen und kulturellen Rechte treffen die Vertragsstaaten derartige Maßnahmen unter Ausschöpfung ihrer verfügbaren Mittel und erforderlichenfalls im Rahmen der internationalen Zusammenarbeit.

## Artikel 5

Die Vertragsstaaten achten die Aufgaben, Rechte und Pflichten der Eltern oder gegebenenfalls, soweit nach Ortsbrauch vorgesehen, der Mitglieder der weiteren Familie oder der Gemeinschaft, des Vormunds oder anderer für das Kind gesetzlich verantwortlicher Personen, das Kind bei der Ausübung der in diesem Übereinkommen anerkannten Rechte in einer seiner Entwicklung entsprechenden Weise angemessen zu leiten und zu führen.

## Artikel 6

(1) Die Vertragsstaaten erkennen an, daß jedes Kind ein angeborenes Recht auf Leben hat.

(2) Die Vertragsstaaten gewährleisten in größtmöglichem Umfang das Überleben und die Entwicklung des Kindes.

## Artikel 7

(1) Das Kind ist unverzüglich nach seiner Geburt in ein Register einzutragen und hat das Recht auf einen Namen von Geburt an, das Recht, eine Staatsangehörigkeit zu erwerben, und soweit möglich das Recht, seine Eltern zu kennen und von ihnen betreut zu werden.

(2) Die Vertragsstaaten stellen die Verwirklichung dieser Rechte im Einklang mit ihrem innerstaatlichen Recht und mit ihren Verpflichtungen aufgrund der einschlägigen internationalen Übereinkünfte in diesem Bereich sicher, insbesondere für

den Fall, daß das Kind sonst staatenlos wäre.

### Artikel 8

(1) Die Vertragsstaaten verpflichten sich, das Recht des Kindes zu achten, seine Identität, einschließlich seiner Staatsangehörigkeit, seines Namens und seiner gesetzlich anerkannten Familienbeziehungen, ohne rechtswidrige Eingriffe zu behalten.

(2) Werden einem Kind widerrechtlich einige oder alle Bestandteile seiner Identität genommen, so gewähren die Vertragsstaaten ihm angemessenen Beistand und Schutz mit dem Ziel, seine Identität so schnell wie möglich wieder herzustellen.

### Artikel 9

(1) Die Vertragsstaaten stellen sicher, daß ein Kind nicht gegen den Willen seiner Eltern von diesen getrennt wird, es sei denn, daß die zuständigen Behörden in einer gerichtlich nachprüfbaren Entscheidung nach den anzuwendenden Rechtsvorschriften und Verfahren bestimmen, daß diese Trennung zum Wohl des Kindes notwendig ist. Eine solche Entscheidung kann im Einzelfall notwendig werden, wie etwa wenn das Kind durch die Eltern mißhandelt oder vernachlässigt wird oder wenn bei getrennt lebenden Eltern eine Entscheidung über den Aufenthaltsort des Kindes zu treffen ist.

(2) In Verfahren nach Absatz 1 ist allen Beteiligten Gelegenheit zu geben, am Verfahren teilzunehmen und ihre Meinung zu äußern.

(3) Die Vertragsstaaten achten das Recht des Kindes, das von einem oder beiden Elternteilen getrennt ist, regelmäßige persönliche Beziehungen und unmittelbare Kontakte zu beiden Elternteilen zu pflegen, soweit dies nicht dem Wohl des Kindes widerspricht.

(4) Ist die Trennung Folge einer vom Vertragsstaat eingeleiteten Maßnahme, wie etwa Freiheitsentziehung, Freiheitsstrafe, Landesverweisung oder Abschiebung oder des Todes eines oder beider Elternteile oder des Kindes (auch eines Todes, der aus irgendeinem Grund eintritt, während der Betreffende sich in staatlichem Gewahrsam befindet), so erteilt der Vertragsstaat auf Antrag den Eltern, dem Kind oder gegebenenfalls einem anderen Familienangehörigen die wesentlichen Auskünfte über den Verbleib des oder der abwesenden Familienangehörigen, sofern dies nicht dem Wohl des Kindes abträglich wäre. Die Vertragsstaaten stellen ferner sicher, daß allein die Stellung eines solchen Antrags keine nachteiligen Folgen für den oder die Betroffenen hat.

### Artikel 10

(1) Entsprechend der Verpflichtung der Vertragsstaaten nach Artikel 9 Absatz 1 werden

von einem Kind oder seinen Eltern zwecks Familienzusammenführung gestellte Anträge auf Einreise in einen Vertragsstaat oder Ausreise aus einem Vertragsstaat von den Vertragsstaaten wohlwollend, human und beschleunigt bearbeitet. Die Vertragsstaaten stellen ferner sicher, daß die Stellung eines solchen Antrags keine nachteiligen Folgen für die Antragsteller und deren Familienangehörige hat.

(2) Ein Kind, dessen Eltern ihren Aufenthalt in verschiedenen Staaten haben, hat das Recht, regelmäßige persönliche Beziehungen und unmittelbare Kontakte zu beiden Elternteilen zu pflegen, soweit nicht außergewöhnliche Umstände vorliegen. Zu diesem Zweck achten die Vertragsstaaten entsprechend ihrer Verpflichtung nach Artikel 9 Absatz 1 das Recht des Kindes und seiner Eltern, aus jedem Land einschließlich ihres eigenen auszureisen und in ihr eigenes Land einzureisen. Das Recht auf Ausreise aus einem Land unterliegt nur den gesetzlich vorgesehenen Beschränkungen, die zum Schutz der nationalen Sicherheit, der öffentlichen Ordnung (ordre public), der Volksgesundheit, der öffentlichen Sittlichkeit oder der Rechte und Freiheiten anderer notwendig und mit anderen in diesem Übereinkommen anerkannten Rechten vereinbar sind.

## Artikel 11

(1) Die Vertragsstaaten treffen Maßnahmen, um das rechtswidrige Verbringen von Kindern ins Ausland und ihre rechtswidrige Nichtrückgabe zu bekämpfen.

(2) Zu diesem Zweck fördern die Vertragsstaaten den Abschluß zwei- oder mehrseitiger Übereinkünfte oder den Beitritt zu bestehenden Übereinkünften.

## Artikel 12

(1) Die Vertragsstaaten sichern dem Kind, das fähig ist, sich eine eigene Meinung zu bilden, das Recht zu, diese Meinung in allen das Kind berührenden Angelegenheiten frei zu äußern, und berücksichtigen die Meinung des Kindes angemessen und entsprechend seinem Alter und seiner Reife.

(2) Zu diesem Zweck wird dem Kind insbesondere Gelegenheit gegeben, in allen das Kind berührenden Gerichts- oder Verwaltungsverfahren entweder unmittelbar oder durch einen Vertreter oder eine geeignete Stelle im Einklang mit den innerstaatlichen Verfahrensvorschriften gehört zu werden.

## Artikel 13

(1) Das Kind hat das Recht auf freie Meinungsäußerung; dieses Recht schließt die Freiheit ein, ungeachtet der Staatsgrenzen Informationen und Gedankengut jeder Art in Wort, Schrift oder Druck, durch Kunstwerke oder andere vom Kind gewählte

Mittel sich zu beschaffen, zu empfangen und weiterzugeben.

(2) Die Ausübung dieses Rechts kann bestimmten, gesetzlich vorgesehenen Einschränkungen unterworfen werden, die erforderlich sind

a) für die Achtung der Rechte oder des Rufes anderer oder

b) für den Schutz der nationalen Sicherheit, der öffentlichen Ordnung (ordre public), der Volksgesundheit oder der öffentlichen Sittlichkeit.

## Artikel 14

(1) Die Vertragsstaaten achten das Recht des Kindes auf Gedanken-, Gewissens- und Religionsfreiheit.

(2) Die Vertragsstaaten achten die Rechte und Pflichten der Eltern und gegebenenfalls des Vormunds, das Kind bei der Ausübung dieses Rechts in einer seiner Entwicklung entsprechenden Weise zu leiten.

(3) Die Freiheit, seine Religion oder Weltanschauung zu bekunden, darf nur den gesetzlich vorgesehenen Einschränkungen unterworfen werden, die zum Schutz der öffentlichen Sicherheit, Ordnung, Gesundheit oder Sittlichkeit oder der Grundrechte und -freiheiten anderer erforderlich sind.

## Artikel 15

(1) Die Vertragsstaaten erkennen das Recht des Kindes an, sich frei mit anderen zusammenzuschließen und sich friedlich zu versammeln.

(2) Die Ausübung dieses Rechts darf keinen anderen als den gesetzlich vorgesehenen Einschränkungen unterworfen werden, die in einer demokratischen Gesellschaft im Interesse der nationalen oder der öffentlichen Sicherheit, der öffentlichen Ordnung (ordre public), zum Schutz der Volksgesundheit oder der öffentlichen Sittlichkeit oder zum Schutz der Rechte und Freiheiten anderer notwendig sind.

## Artikel 16

(1) Kein Kind darf willkürlichen oder rechtswidrigen Eingriffen in sein Privatleben, seine Familie, seine Wohnung oder seinen Schriftverkehr oder rechtswidrigen Beeinträchtigungen seiner Ehre und seines Rufes ausgesetzt werden.

(2) Das Kind hat Anspruch auf rechtlichen Schutz gegen solche Eingriffe oder Beeinträchtigungen.

## Artikel 17

Die Vertragsstaaten erkennen die wichtige Rolle der Massenmedien an und stellen sicher, daß das Kind Zugang hat zu Informationen und Material aus einer Vielfalt nationaler und internationaler Quellen, insbesondere derjenigen, welche die Förderung seines sozialen, seelischen und sittlichen Wohlergehens sowie seiner körperlichen Gesundheit zum Ziel haben. Zu diesem Zweck werden die Vertragsstaaten

a) die Massenmedien ermutigen, Informationen und

Material zu verbreiten, die für das Kind von sozialem und kulturellem Nutzen sind und dem Geist des Artikels 29 entsprechen;

b) die internationale Zusammenarbeit bei der Herstellung, beim Austausch und bei der Verbreitung dieser Informationen und dieses Materials aus einer Vielfalt nationaler und internationaler kultureller Quellen fördern;

c) die Herstellung und Verbreitung von Kinderbüchern fördern;

d) die Massenmedien ermutigen, den sprachlichen Bedürfnissen eines Kindes, das einer Minderheit angehört oder Ureinwohner ist, besonders Rechnung zu tragen;

e) die Erarbeitung geeigneter Richtlinien zum Schutz des Kindes vor Informationen und Material, die sein Wohlergehen beeinträchtigen, fördern, wobei die Artikel 13 und 18 zu berücksichtigen sind.

### Artikel 18

(1) Die Vertragsstaaten bemühen sich nach besten Kräften, die Anerkennung des Grundsatzes sicherzustellen, daß beide Elternteile gemeinsam für die Erziehung und Entwicklung des Kindes verantwortlich sind. Für die Erziehung und Entwicklung des Kindes sind in erster Linie die Eltern oder gegebenenfalls der Vormund verantwortlich. Dabei ist das Wohl des Kindes ihr Grundanliegen.

(2) Zur Gewährleistung und Förderung der in diesem Übereinkommen festgelegten Rechte unterstützen die Vertragsstaaten die Eltern und den Vormund in angemessener Weise bei der Erfüllung ihrer Aufgabe, das Kind zu erziehen, und sorgen für den Ausbau von Institutionen, Einrichtungen und Diensten für die Betreuung von Kindern.

(3) Die Vertragsstaaten treffen alle geeigneten Maßnahmen, um sicherzustellen, daß Kinder berufstätiger Eltern das Recht haben, die für sie in Betracht kommenden Kinderbetreuungsdienste und -einrichtungen zu nutzen.

### Artikel 19

(1) Die Vertragsstaaten treffen alle geeigneten Gesetzgebungs-, Verwaltungs-, Sozial- und Bildungsmaßnahmen, um das Kind vor jeder Form körperlicher oder geistiger Gewaltanwendung, Schadenszufügung oder Mißhandlung, vor Verwahrlosung oder Vernachlässigung, vor schlechter Behandlung oder Ausbeutung einschließlich des sexuellen Mißbrauchs zu schützen, solange es sich in Obhut der Eltern oder eines Elternteils, eines Vormunds oder anderen gesetzlichen Vertreters oder einer anderen Person befindet, die das Kind betreut.

(2) Diese Schutzmaßnahmen sollen je nach den Gegebenheiten wirksame Verfahren zur Aufstellung von Sozialprogrammen

enthalten, die dem Kind und denen, die es betreuen, die erforderliche Unterstützung gewähren und andere Formen der Vorbeugung vorsehen sowie Maßnahmen zur Aufdeckung, Meldung, Weiterverweisung, Untersuchung, Behandlung und Nachbetreuung in den in Absatz 1 beschriebenen Fällen schlechter Behandlung von Kindern und gegebenenfalls für das Einschreiten der Gerichte.

Artikel 20

(1) Ein Kind, das vorübergehend oder dauernd aus seiner familiären Umgebung herausgelöst wird oder dem der Verbleib in dieser Umgebung im eigenen Interesse nicht gestattet werden kann, hat Anspruch auf den besonderen Schutz und Beistand des Staates.

(2) Die Vertragsstaaten stellen nach Maßgabe des innerstaatlichen Rechts andere Formen der Betreuung eines solchen Kindes sicher.

(3) Als andere Form der Betreuung kommt unter anderem die Aufnahme in eine Pflegefamilie, die Kafala nach islamischem Recht, die Adoption oder, falls erforderlich, die Unterbringung in einer geeigneten Kinderbetreuungseinrichtung in Betracht. Bei der Wahl zwischen den Lösungen sind die erwünschte Kontinuität in der Erziehung des Kindes sowie die ethnische, religiöse, kulturelle und sprachliche Herkunft des Kindes gebührend zu berücksichtigen.

Artikel 21

Die Vertragsstaaten, die das System der Adoption anerkennen oder zulassen, gewährleisten, daß dem Wohle des Kindes bei der Adoption die höchste Bedeutung zugemessen wird; die Vertragsstaaten

a) stellen sicher, daß die Adoption eines Kindes nur durch die zuständigen Behörden bewilligt wird, die nach den anzuwendenden Rechtsvorschriften und Verfahren und auf der Grundlage aller verläßlichen einschlägigen Informationen entscheiden, daß die Adoption angesichts des Status des Kindes in bezug auf Eltern, Verwandte und einen Vormund zulässig ist und daß, soweit dies erforderlich ist, die betroffenen Personen in Kenntnis der Sachlage und auf der Grundlage einer gegebenenfalls erforderlichen Beratung der Adoption zugestimmt haben;

b) erkennen an, daß die internationale Adoption als andere Form der Betreuung angesehen werden kann, wenn das Kind nicht in seinem Heimatland in einer Pflege- oder Adoptionsfamilie untergebracht oder wenn es dort nicht in geeigneter Weise betreut werden kann;

c) stellen sicher, daß das Kind im Fall einer internationalen Adoption in den Genuß der für nationale Adoptionen geltenden Schutzvorschriften und Normen kommt;

d) treffen alle geeigneten Maßnahmen, um sicherzustellen, daß bei internationaler Adoption für die Beteiligten keine unstatthaften Vermögensvorteile entstehen;

e) fördern die Ziele dieses Artikels gegebenenfalls durch den Abschluß zwei- oder mehrseitiger Übereinkünfte und bemühen sich in diesem Rahmen sicherzustellen, daß die Unterbringung des Kindes in einem anderen Land durch die zuständigen Behörden oder Stellen durchgeführt wird.

## Artikel 22

(1) Die Vertragsstaaten treffen geeignete Maßnahmen, um sicherzustellen, daß ein Kind, das die Rechtsstellung eines Flüchtlings begehrt oder nach Maßgabe der anzuwendenden Regeln und Verfahren des Völkerrechts oder des innerstaatlichen Rechts als Flüchtling angesehen wird, angemessenen Schutz und humanitäre Hilfe bei der Wahrnehmung der Rechte erhält, die in diesem Übereinkommen oder in anderen internationalen Übereinkünften über Menschenrechte oder über humanitäre Fragen, denen die genannten Staaten als Vertragsparteien angehören, festgelegt sind, und zwar unabhängig davon, ob es sich in Begleitung seiner Eltern oder einer anderen Person befindet oder nicht.

(2) Zu diesem Zweck wirken die Vertragsstaaten in der ihnen angemessen erscheinenden Weise bei allen Bemühungen mit, welche die Vereinten Nationen und andere zuständige zwischenstaatliche oder nichtstaatliche Organisationen, die mit den Vereinten Nationen zusammenarbeiten, unternehmen, um ein solches Kind zu schützen, um ihm zu helfen und um die Eltern oder andere Familienangehörige eines Flüchtlingskinds ausfindig zu machen mit dem Ziel, die für eine Familienzusammenführung notwendigen Informationen zu erlangen. Können die Eltern oder andere Familienangehörige nicht ausfindig gemacht werden, so ist dem Kind in Einklang mit den in diesem Übereinkommen enthaltenen Grundsätzen derselbe Schutz zu gewähren wie jedem anderen Kind, das aus irgendeinem Grund dauernd oder vorübergehend aus seiner familiären Umgebung herausgelöst ist.

## Artikel 23

Die Vertragsstaaten erkennen an, daß ein geistig oder körperlich behindertes Kind ein erfülltes und menschenwürdiges Leben unter Bedingungen führen soll, welche die Würde des Kindes wahren, seine Selbständigkeit fördern und die aktive Teilnahme am Leben der Gemeinschaft erleichtern.

(2) Die Vertragsstaaten erkennen das Recht des behinderten Kindes auf besondere Betreuung an und treten dafür ein und stellen sicher, daß dem behinderten Kind und den für seine Betreuung Verantwortli

chen im Rahmen der verfügbaren Mittel auf Antrag die Unterstützung zuteil wird, die dem Zustand des Kindes sowie den Lebensumständen der Eltern oder anderer Personen, die das Kind betreuen, angemessen ist.

(3) In Anerkennung der besonderen Bedürfnisse eines behinderten Kindes ist die nach Absatz 2 gewährte Unterstützung soweit irgend möglich und unter Berücksichtigung der finanziellen Mittel der Eltern oder anderer Personen, die das Kind betreuen, unentgeltlich zu leisten und so zu gestalten, daß sichergestellt ist, daß Erziehung, Ausbildung, Gesundheitsdienste, Rehabilitationsdienste, Vorbereitung auf das Berufsleben und Erholungsmöglichkeiten dem behinderten Kind tatsächlich in einer Weise zugänglich sind, die der möglichst vollständigen sozialen Integration und individuellen Entfaltung des Kindes einschließlich seiner kulturellen und geistigen Entwicklung förderlich ist.

(4) Die Vertragsstaaten fördern im Geist der internationalen Zusammenarbeit den Austausch sachdienlicher Informationen im Bereich der Gesundheitsvorsorge und der medizinischen, psychologischen und funktionellen Behandlung behinderter Kinder einschließlich der Verbreitung von Informationen über Methoden der Rehabilitation, der Erziehung und der Berufsausbildung und des Zugangs zu sol-

chen Informationen, um es den Vertragsstaaten zu ermöglichen, in diesen Bereichen ihre Fähigkeiten und ihr Fachwissen zu verbessern und weitere Erfahrungen zu sammeln. Dabei sind die Bedürfnisse der Entwicklungsländer besonders zu berücksichtigen.

### Artikel 24

(1) Die Vertragsstaaten erkennen das Recht des Kindes auf das erreichbare Höchstmaß an Gesundheit an sowie auf Inanspruchnahme von Einrichtungen zur Behandlung von Krankheiten und zur Wiederherstellung der Gesundheit. Die Vertragsstaaten bemühen sich sicherzustellen, daß keinem Kind das Recht auf Zugang zu derartigen Gesundheitsdiensten vorenthalten wird.

(2) Die Vertragsstaaten bemühen sich, die volle Verwirklichung dieses Rechts sicherzustellen, und treffen insbesondere geeignete Maßnahmen, um

a) die Säuglings- und Kindersterblichkeit zu verringern;

b) sicherzustellen, daß alle Kinder die notwendige ärztliche Hilfe und Gesundheitsfürsorge erhalten, wobei besonderer Nachdruck auf den Ausbau der gesundheitlichen Grundversorgung gelegt wird;

c) Krankheiten sowie Unter- und Fehlernährung auch im Rahmen der gesundheitlichen Grundversorgung zu bekämpfen, unter anderem durch den Einsatz leicht zugänglicher Technik und durch die Bereitstellung ausreichender vollwertiger Nahrungsmittel und sauberen Trinkwassers, wobei die Gefahren und Risiken der Umweltverschmutzung zu berücksichtigen sind;

d) eine angemessene Gesundheitsfürsorge für Mütter vor und nach der Entbindung sicherzustellen;

e) sicherzustellen, daß allen Teilen der Gesellschaft, insbesondere Eltern und Kindern, Grundkenntnisse über die Gesundheit und Ernährung des Kindes, die Vorteile des Stillens, die Hygiene und die Sauberhaltung der Umwelt sowie die Unfallverhütung vermittelt werden, daß sie Zugang zu der entsprechenden Schulung haben und daß sie bei der Anwendung dieser Grundkenntnisse Unterstützung erhalten;

f) die Gesundheitsfürsorge, die Elternberatung sowie die Aufklärung und die Dienste auf dem Gebiet der Familienplanung auszubauen.

(3) Die Vertragsstaaten treffen alle wirksamen und geeigneten Maßnahmen, um überlieferte Bräuche, die für die Gesundheit der Kinder schädlich sind, abzuschaffen.

(4) Die Vertragsstaaten verpflichten sich, die internationale Zusammenarbeit zu fördern, um fortschreitend die volle Verwirklichung des in diesem Artikel anerkannten Rechts zu erreichen. Dabei sind die Bedürfnisse der Entwicklungsländer besonders zu berücksichtigen.

## Artikel 25

Die Vertragsstaaten erkennen an, daß ein Kind, das von den zuständigen Behörden wegen einer körperlichen oder geistigen Erkrankung zur Betreuung, zum Schutz der Gesundheit oder zur Behandlung untergebracht worden ist, das Recht hat auf eine regelmäßige Überprüfung der dem Kind gewährten Behandlung sowie aller anderen Umstände, die für seine Unterbringung von Belang sind.

## Artikel 26

(1) Die Vertragsstaaten erkennen das Recht jedes Kindes auf Leistungen der sozialen Sicherheit einschließlich der Sozialversicherung an und treffen die erforderlichen Maßnahmen, um die volle Verwirklichung dieses Rechts in Übereinstimmung mit dem innerstaatlichen Recht sicherzustellen.

(2) Die Leistungen sollen gegebenenfalls unter Berücksichtigung der wirtschaftlichen Verhältnisse und der sonstigen Umstände des Kindes und der Unterhaltpflichtigen sowie anderer für die Beantragung von Leistungen durch das Kind oder im Namen des Kindes maßgeblicher Gesichtspunkte gewährt werden.

## Artikel 27

(1) Die Vertragsstaaten erkennen das Recht jedes Kindes auf einen seiner körperlichen, gei-

stigen, seelischen, sittlichen und sozialen Entwicklung angemessenen Lebensstandard an.

(2) Es ist in erster Linie Aufgabe der Eltern oder anderer für das Kind verantwortlicher Personen, im Rahmen ihrer Fähigkeiten und finanziellen Möglichkeiten die für die Entwicklung des Kindes notwendigen Lebensbedingungen sicherzustellen.

(3) Die Vertragsstaaten treffen gemäß ihren innerstaatlichen Verhältnissen und im Rahmen ihrer Mittel geeignete Maßnahmen, um den Eltern und anderen für das Kind verantwortlichen Personen bei der Verwirklichung dieses Rechts zu helfen, und sehen bei Bedürftigkeit materielle Hilfs- und Unterstützungsprogramme insbesondere im Hinblick auf Ernährung, Bekleidung und Wohnung vor.

(4) Die Vertragsstaaten treffen alle geeigneten Maßnahmen, um die Geltendmachung von Unterhaltsansprüchen des Kindes gegenüber den Eltern oder anderen finanziell für das Kind verantwortlichen Personen sowohl innerhalb des Vertragsstaats als auch im Ausland sicherzustellen. Insbesondere fördern die Vertragsstaaten, wenn die für das Kind finanziell verantwortliche Person in einem anderen Staat lebt als das Kind, den Beitritt zu internationalen Übereinkünften oder den Abschluß solcher Übereinkünfte sowie andere geeignete Regelungen.

## Artikel 28

(1) Die Vertragsstaaten erkennen das Recht des Kindes auf Bildung an; um die Verwirklichung dieses Rechts auf der Grundlage der Chancengleichheit fortschreitend zu erreichen, werden sie insbesondere

a) den Besuch der Grundschule für alle zur Pflicht und unentgeltlich machen;

b) die Entwicklung verschiedener Formen der weiterführenden Schulen allgemeinbildender und berufsbildender Art fördern, sie allen Kindern verfügbar und zugänglich machen und geeignete Maßnahmen wie die Einführung der Unentgeltlichkeit und die Bereitstellung finanzieller Unterstützung bei Bedürftigkeit treffen;

c) allen entsprechend ihren Fähigkeiten den Zugang zu den Hochschulen mit allen geeigneten Mitteln ermöglichen;

d) Bildungs- und Berufsberatung allen Kindern verfügbar und zugänglich machen;

e) Maßnahmen treffen, die den regelmäßigen Schulbesuch fördern und den Anteil derjenigen, welche die Schule vorzeitig verlassen, verringern.

(2) Die Vertragsstaaten treffen alle geeigneten Maßnahmen, um sicherzustellen, daß Disziplin in der Schule in einer Weise gewahrt wird, die der Menschenwürde des Kindes entspricht und im Einklang mit diesem Übereinkommen steht.

(3) Die Vertragsstaaten fördern die internationale Zusammenarbeit im Bildungswesen, insbesondere um zur Beseitigung von Unwissenheit und Analphabetentum in der Welt beizutragen und den Zugang zu wissenschaftlichen und modernen Unterrichtsmethoden zu erleichtern. Dabei sind die Bedürfnisse der Entwicklungsländer besonders zu berücksichtigen.

### Artikel 29

(1) Die Vertragsstaaten stimmen darin überein, daß die Bildung des Kindes darauf gerichtet sein muß,

a) die Persönlichkeit, die Begabung und die geistigen und körperlichen Fähigkeiten des Kindes voll zur Entfaltung zu bringen;

b) dem Kind Achtung vor den Menschenrechten und Grundfreiheiten und den in der Charta der Vereinten Nationen verankerten Grundsätzen zu vermitteln;

c) dem Kind Achtung vor seinen Eltern, seiner kulturellen Identität, seiner Sprache und seinen kulturellen Werten, den nationalen Werten des Landes, in dem es lebt, und gegebenenfalls des Landes, aus dem es stammt, sowie vor anderen Kulturen als der eigenen zu vermitteln;

d) das Kind auf ein verantwortungsbewußtes Leben in einer freien Gesellschaft im Geist der Verständigung, des Friedens, der Toleranz, der Gleichberechtigung der Geschlechter und der Freundschaft zwischen allen Völkern und ethnischen nationalen und religiösen Gruppen sowie zu Ureinwohnern vorzubereiten;

e) dem Kind Achtung vor der natürlichen Umwelt zu vermitteln.

(2) Dieser Artikel und Artikel 28 dürfen nicht so ausgelegt werden, daß sie die Freiheit natürlicher oder juristischer Personen beeinträchtigen, Bildungseinrichtungen zu gründen und zu führen, sofern die in Absatz 1 festgelegten Grundsätze beachtet werden und die in solchen Einrichtungen vermittelte Bildung den von dem Staat gegebenenfalls festgelegten Mindestnormen entspricht.

### Artikel 30

In Staaten, in denen es ethnische, religiöse oder sprachliche Minderheiten oder Ureinwohner gibt, darf einem Kind, das einer solchen Minderheit angehört oder Ureinwohner ist, nicht das Recht vorenthalten werden, in Gemeinschaft mit anderen Angehörigen seiner Gruppe seine eigene Kultur zu pflegen, sich zu seiner eigenen Religion zu bekennen und sie auszuüben oder seine eigene Sprache zu verwenden.

### Artikel 31

(1) Die Vertragsstaaten erkennen das Recht des Kindes auf Ruhe und Freizeit an, auf Spiel und altersgemäße aktive Erho-

lung sowie auf freie Teilnahme am kulturellen und künstlerischen Leben.

(2) Die Vertragsstaaten achten und fördern das Recht des Kindes auf volle Beteiligung am kulturellen und künstlerischen Leben und fördern die Bereitstellung geeigneter und gleicher Möglichkeiten für die kulturelle und künstlerische Betätigung sowie für aktive Erholung und Freizeitbeschäftigung.

### Artikel 32

(1) Die Vertragsstaaten erkennen das Recht des Kindes an, vor wirtschaftlicher Ausbeutung geschützt und nicht zu einer Arbeit herangezogen zu werden, die Gefahren mit sich bringen, die Erziehung des Kindes behindern oder die Gesundheit des Kindes oder seine körperliche, sittliche oder soziale Entwicklung schädigen könnte.

(2) Die Vertragsstaaten treffen Gesetzgebungs-, Verwaltungs-, Sozial- und Bildungsmaßnahmen, um die Durchführung dieses Artikels sicherzustellen. Zu diesem Zweck und unter Berücksichtigung der einschlägigen Bestimmungen anderer internationaler Übereinkünfte werden die Vertragsstaaten insbesondere

a) ein oder mehrere Mindestalter für die Zulassung zur Arbeit festlegen;

b) eine angemessene Regelung der Arbeitszeit und der Arbeitsbedingungen vorsehen;

c) angemessene Strafen oder andere Sanktionen zur wirksamen Durchsetzung dieses Artikels vorsehen.

### Artikel 33

Die Vertragsstaaten treffen alle geeigneten Maßnahmen einschließlich Gesetzgebungs-, Verwaltungs-, Sozial- und Bildungsmaßnahmen, um Kinder vor dem unerlaubten Gebrauch von Suchtstoffen und psychotropen Stoffen im Sinne der diesbezüglichen internationalen Übereinkünfte zu schützen und den Einsatz von Kindern bei der unerlaubten Herstellung dieser Stoffe und beim unerlaubten Verkehr mit diesen Stoffen zu verhindern.

### Artikel 34

Die Vertragsstaaten verpflichten sich, das Kind vor allen Formen sexueller Ausbeutung und sexuellen Mißbrauchs zu schützen. Zu diesem Zweck treffen die Vertragsstaaten insbesondere alle geeigneten innerstaatlichen, zweiseitigen und mehrseitigen Maßnahmen, um zu verhindern, daß Kinder

a) zur Beteiligung an rechtswidrigen sexuellen Handlungen verleitet oder gezwungen werden;

b) für die Prostitution oder andere rechtswidrige sexuelle Praktiken ausgebeutet werden;

c) für pornographische Darbietungen und Darstellungen ausgebeutet werden.

## Artikel 35

Die Vertragsstaaten treffen alle geeigneten innerstaatlichen, zweiseitigen und mehrseitigen Maßnahmen, um die Entführung und den Verkauf von Kindern sowie den Handel mit Kindern zu irgendeinem Zweck und in irgendeiner Form zu verhindern.

## Artikel 36

Die Vertragsstaaten schützen das Kind vor allen sonstigen Formen der Ausbeutung, die das Wohl des Kindes in irgendeiner Weise beeinträchtigen.

## Artikel 37

Die Vertragsstaaten stellen sicher,

a) daß kein Kind der Folter oder einer anderen grausamen, unmenschlichen oder erniedrigenden Behandlung oder Strafe unterworfen wird. Für Straftaten, die von Personen vor Vollendung des achtzehnten Lebensjahrs begangen worden sind, darf weder die Todesstrafe noch lebenslängliche Freiheitsstrafe ohne eine Möglichkeit vorzeitiger Entlassung verhängt werden;

b) daß keinem Kind die Freiheit rechtswidrig oder willkürlich entzogen wird. Festnahme, Freiheitsentziehung oder Freiheitsstrafe darf bei einem Kind im Einklang mit dem Gesetz nur als letztes Mittel und für die kürzeste angemessene Zeit angewendet werden;

c) daß jedes Kind, dem die Freiheit entzogen ist, menschlich und mit Achtung vor der dem Menschen innewohnenden Würde und unter Berücksichtigung der Bedürfnisse von Personen seines Alters behandelt wird. Insbesondere ist jedes Kind, dem die Freiheit entzogen ist, von Erwachsenen zu trennen, sofern nicht ein anderes Vorgehen als dem Wohl des Kindes dienlich erachtet wird; jedes Kind hat das Recht, mit seiner Familie durch Briefwechsel und Besuche in Verbindung zu bleiben, sofern nicht außergewöhnliche Umstände vorliegen;

d) daß jedes Kind, dem die Freiheit entzogen ist, das Recht auf umgehenden Zugang zu einem rechtskundigen oder anderen geeigneten Beistand und das Recht hat, die Rechtmäßigkeit der Freiheitsentziehung bei einem Gericht oder einer anderen zuständigen, unabhängigen und unparteiischen Behörde anzufechten, sowie das Recht auf alsbaldige Entscheidung in einem solchen Verfahren.

## Artikel 38

(1) Die Vertragsstaaten verpflichten sich, die für sie verbindlichen Regeln des in bewaffneten Konflikten anwendbaren humanitären Völkerrechts, die für das Kind Bedeutung haben, zu beachten und für deren Beachtung zu sorgen.

(2) Die Vertragsstaaten treffen alle durchführbaren Maßnahmen, um sicherzustellen, daß Personen, die das fünfzehnte Lebensjahr noch nicht vollendet haben, nicht unmittelbar an Feindseligkeiten teilnehmen.

(3) Die Vertragsstaaten nehmen davon Abstand, Personen, die das fünfzehnte Lebensjahr noch nicht vollendet haben, zu ihren Streitkräften einzuziehen. Werden Personen zu den Streitkräften eingezogen, die zwar das fünfzehnte, nicht aber das achtzehnte Lebensjahr vollendet haben, so bemühen sich die Vertragsstaaten, vorrangig die jeweils ältesten einzuziehen.

(4) Im Einklang mit ihren Verpflichtungen nach dem humanitären Völkerrecht, die Zivilbevölkerung in bewaffneten Konflikten zu schützen, treffen die Vertragsstaaten alle durchführbaren Maßnahmen, um sicherzustellen, daß von einem bewaffneten Konflikt betroffene Kinder geschützt und betreut werden.

### Artikel 39

Die Vertragsstaaten treffen alle geeigneten Maßnahmen, um die physische und psychische Genesung und die soziale Wiedereingliederung des Kindes zu fördern, das Opfer irgendeiner Form von Vernachlässigung, Ausbeutung oder Mißhandlung, der Folter oder einer anderen Form grausamer, unmenschlicher oder erniedrigender Behandlung oder Strafe oder aber bewaffneter Konflikte geworden ist. Die Genesung und Wiedereingliederung müssen in einer Umgebung stattfinden, die der Gesundheit, der Selbstachtung und der Würde des Kindes förderlich ist.

### Artikel 40

(1) Die Vertragsstaaten erkennen das Recht jedes Kindes an, das der Verletzung der Strafgesetze verdächtigt, beschuldigt oder überführt wird, in einer Weise behandelt zu werden, die das Gefühl des Kindes für die eigene Würde und den eigenen Wert fördert, seine Achtung vor den Menschenrechten und Grundfreiheiten anderer stärkt und das Alter des Kindes sowie die Notwendigkeit berücksichtigt, seine soziale Wiedereingliederung sowie die Übernahme einer konstruktiven Rolle in der Gesellschaft durch das Kind zu fördern.

(2) Zu diesem Zweck stellen die Vertragsstaaten unter Berücksichtigung der einschlägigen Bestimmungen internationaler Übereinkünfte insbesondere sicher,

a) daß kein Kind wegen Handlungen oder Unterlassungen, die zur Zeit ihrer Begehung nach innerstaatlichem Recht oder Völkerrecht nicht verboten waren, der Verletzung der Strafgesetze verdächtigt, beschuldigt oder überführt wird;

b) daß jedes Kind, das einer Verletzung der Strafgesetze verdächtigt oder beschuldigt wird, Anspruch auf folgende Mindestgarantien hat:

I) bis zum gesetzlichen Nachweis der Schuld als unschuldig zu gelten,

II) unverzüglich und unmittelbar über die gegen das Kind erhobenen Beschuldigungen unterrichtet zu werden, gegebenenfalls durch seine Eltern oder seinen Vormund, und einen rechtskundigen oder anderen geeigneten Beistand zur Vorbereitung und Wahrnehmung seiner Verteidigung zu erhalten,

III) seine Sache unverzüglich durch eine zuständige Behörde oder ein zuständiges Gericht, die unabhängig und unparteiisch sind, in einem fairen Verfahren entsprechend dem Gesetz entscheiden zu lassen, und zwar in Anwesenheit eines rechtskundigen oder anderen geeigneten Beistands sowie — sofern dies nicht insbesondere in Anbetracht des Alters oder der Lage des Kindes als seinem Wohl widersprechend angesehen wird — in Anwesenheit seiner Eltern oder seines Vormunds,

IV) nicht gezwungen zu werden, als Zeuge auszusagen oder sich schuldig zu bekennen, sowie die Belastungszeugen zu befragen oder befragen zu lassen und das Erscheinen und die Vernehmung der Entlastungszeugen unter gleichen Bedingungen zu erwirken,

V) wenn es einer Verletzung der Strafgesetze überführt ist, diese Entscheidung und alle als Folge davon verhängten Maßnahmen durch eine zuständige übergeordnete Behörde oder ein zuständiges höheres Gericht, die unabhängig und unparteiisch sind, entsprechend dem Gesetz nachprüfen zu lassen,

VI) die unentgeltliche Hinzuziehung eines Dolmetschers zu verlangen, wenn das Kind die Verhandlungssprache nicht versteht oder spricht,

VII) sein Privatleben in allen Verfahrensabschnitten voll geachtet zu sehen.

(3) Die Vertragsstaaten bemühen sich, den Erlaß von Gesetzen sowie die Schaffung von Verfahren, Behörden und Einrichtungen zu fördern, die besonders für Kinder, die einer Verletzung der Strafgesetze verdächtigt, beschuldigt oder überführt werden, gelten oder zuständig sind; insbesondere

a) legen sie ein Mindestalter fest, das ein Kind erreicht haben muß, um als strafmündig angesehen zu werden,

b) treffen sie, soweit dies angemessen und wünschenswert ist, Maßnahmen, um den Fall ohne ein gerichtliches Verfahren zu regeln, wobei jedoch die Menschenrechte und die Rechtsgarantien uneingeschränkt beachtet werden müssen.

(4) Um sicherzustellen, daß Kinder in einer Weise behandelt werden, die ihrem Wohl dienlich ist und ihren Umständen sowie der Straftat entspricht, muß eine Vielzahl von Vorkehrungen zur Verfügung stehen, wie Anordnungen über Betreuung, Anleitung und Aufsicht, wie Beratung, Entlassung auf Bewährung, Aufnahme in eine Pflegefamilie, Bildungs- und Berufsbildungsprogramme und andere Alternativen zur Heimerziehung.

## Artikel 41

Dieses Übereinkommen läßt zur Verwirklichung der Rechte des Kindes besser geeignete Bestimmungen unberührt, die enthalten sind

a) im Recht eines Vertragsstaats oder

b) in dem für diesen Staat geltenden Völkerrecht.

Bildquellennachweis:
Bilderberg, Archiv der Photographen GmbH, Hamburg (S. 135)
Volker Schöbel, Stuttgart (S. 56 f., 65, 95, 136, 137)
Photo Neumann, Stuttgart (S. 114, 115, 122, 123)
Myr Muratet, Bagnolet (S. 22, 23, 31, 38, 39, 40, 41, 54, 55, 66, 67, 92, 93, 102, 103, 113, 144, 145)
Marc Pataut, 9330 Aubervilliers (S. 20, 76, 77, 101, 143, 149)
Gamma, Paris (S. 74, 75, 100)
Magnum Photos, Paris (S. 32, 33, 94)
Francoise Ducasse, Paris (S. 112)
Karen Marshall, Paris (S. 12)
Pierre Michaud/Rapus (S. 120, 121)

Wir danken den genannten Photographen und Bildagenturen für die Abdrucksgenehmigung.